Gudrun Pausewang
in Zusammenarbeit mit Elfriede Pausewang:

Rosinkawiese

Alternatives Leben in den zwanziger Jahren

Mit dokumentarischen Fotos

Deutscher
Taschenbuch
Verlag

dtv

Von Gudrun Pausewang
sind im Deutschen Taschenbuch Verlag erschienen:
Kinderbesuch (10676)
Aufstieg und Untergang der Insel Delfina (11218)
Fern von der Rosinkawiese (11636)
Plaza Fortuna (11690)
Geliebte Rosinkawiese (11718)
Bolivianische Hochzeit (11798)
Guadalupe (11879)
Rotwengel-Saga (12140)

Ungekürzte Ausgabe
November 1983
8. Auflage Juli 1996
Deutscher Taschenbuch Verlag GmbH & Co. KG,
München

ISBN 3-473-35117-2
Fotos: Privatbesitz Pausewang, Schlitz
Karte: Achim Köppel, Ravensburg
Umschlaggestaltung: Celestino Piatti
Gesamtherstellung: C. H. Beck'sche Buchdruckerei,
Nördlingen
Printed in Germany · ISBN 3-423-11489-4

Das Buch

»Rosinkawiese« nannten die Einheimischen jenes Stück Land in Ostböhmen, auf dem die Eltern von Gudrun Pausewang Anfang der zwanziger Jahre ihren Traum vom alternativen Leben verwirklichten. Für Freiheit und Unabhängigkeit nahmen sie die größten Entbehrungen auf sich, und es gelang ihnen tatsächlich, das ehemalige Sumpfgebiet zu kultivieren. Doch zur absoluten Autarkie reichte der Boden nicht ... In neunzehn Briefen an den Enkel einer alten Freundin, der sein Studium mit einem Leben auf dem Lande vertauschen möchte, schildert die Mutter der Autorin ihre damaligen Motive und berichtet offen und ehrlich von den Erlebnissen und Erfahrungen jener »Rosinkawiesen-Ära«, die 1945 mit der Flucht in den Westen abrupt endete. »Keinen Tag davon«, so schreibt Elfriede Pausewang, »möchte ich missen, auch wenn wir unsere Idee mindestens teilweise scheitern sahen.«

Die Autorin

Gudrun Pausewang wurde am 3. März 1928 in Wichstadtl in Böhmen geboren. Sie wurde Lehrerin, unterrichtete an deutschen Schulen in Chile, Venezuela und Kolumbien und war seit ihrer Rückkehr aus Lateinamerika im Jahre 1972 bis 1989 als Lehrerin in der Nähe von Fulda tätig. Einige Werke: ›Der Weg nach Tongay‹ (1965), ›Guadalupe‹ (1970), ›Aufstieg und Untergang der Insel Delfina‹ (1973), ›Karneval und Karfreitag‹ (1976), ›Wie gewaltig kommt der Fluß daher‹ (1978), ›Die Freiheit des Ramon Acosta‹ (1981), ›Die letzten Kinder von Schewenborn‹ (1983), ›Kinderbesuch‹ (1984), ›Pepe Amado‹ (1986), ›Die Wolke‹ (1987), ›Fern von der Rosinkawiese‹ (1989), ›Geliebte Rosinkawiese‹ (1990). ›Rosinkawiese‹ ist in Zusammenarbeit mit ihrer Mutter entstanden.

1

Hartershausen, den 28. Februar 1979

Lieber Michael,

Du hast mich bisher nur einige Male kurz gesehen, als ich Deine Großmutter besuchte. Um so mehr überraschte mich Dein langer Brief, den ich vor einer Woche erhielt.
Ich konnte und wollte ihn nicht postwendend beantworten, denn er hat mich tief bewegt. Er hat lebhafte Erinnerungen, schöne und schmerzliche, in mir wachgerufen. Er hat mich gezwungen, meine Einstellung zu einem solchen Vorhaben, wie Du es erwägst, grundsätzlich zu überdenken. Er hat mich gefreut – ja wirklich, er löste in mir eine große Freude darüber aus, daß Du – so jung Du noch bist – einen ganz eigenen Lebensstil verwirklichen willst, daß Du das Sein, nicht das Haben, das Ideelle, nicht das Materielle, kurz: eine neue Lebensqualität anstrebst.
Und nicht zuletzt hat mich Dein Brief mit Dankbarkeit erfüllt, weil Du nach meinen Erfahrungen fragst. Im allgemeinen könnt Ihr jungen Leute heute, in unserer schnellebigen Welt, kaum noch etwas mit unseren Erfahrungen anfangen, weil sie längst vom Fortschritt überrollt wurden und dadurch für Euch wertlos geworden sind.
Aber da Du wohl offensichtlich vorhast, gegen den Strom zu schwimmen oder, besser gesagt, mitwirken willst, daß dieser Strom eine andere Richtung nehme, können Dir meine Erfahrungen, die einer Sechsundsiebzigjährigen, vielleicht doch dienlich sein, und ich will sie Dir daher gern übermitteln.
Um dies alles zu verarbeiten, habe ich ein paar Tage zeitlichen Abstand gebraucht. Ich hoffe, Du kannst das begreifen.
Du stehst also, wie Du mir schreibst, im vierten Semester an der Technischen Hochschule und hattest bis vor kurzem vor,

Techniker zu werden und später in die freie Wirtschaft zu gehen. Du bist intelligent und zielstrebig, wie mir Deine Großmutter erzählt hat. Du könntest es, nach heutigen Maßstäben gemessen, wahrscheinlich »weit bringen«. Aber nun hast Du Dich plötzlich entschlossen, *nicht* weiter zu studieren, sondern »aufs Land zu gehen«.

Das Entsetzen Deiner Eltern kann ich mir lebhaft vorstellen. Du hättest es mir nicht zu schildern brauchen. Sie sehen sich um ihre Hoffnungen betrogen, sehen sich Peinlichkeiten ausgesetzt, sehen in Dir bereits den verlorenen Sohn. Sie werden sich alles mögliche einfallen lassen, um Dich – nach ihrer Meinung – wieder zur Vernunft zu bringen. Du wirst viel Energie entwickeln müssen, um standhaft zu bleiben.

Obwohl mir – und wahrscheinlich auch Deiner Großmutter – der Lebensstil Deiner Eltern nicht liegt, steht es mir doch nicht zu, sie zu verurteilen. Sie sind »Kinder ihrer Zeit«. Der Krieg und das Elend der Nachkriegsjahre haben sie zu dem gemacht, was sie jetzt sind. Ihre Generation ist aus einer Hunger- und Trümmerzeit in das Wirtschaftswunder hineingewachsen, sie erlebten als Halbwüchsige bewußt den Zusammenbruch ihrer (falschen) Ideale, das Kriegsende, das verzweifelte Hinaufstreben aus dem Nichts. *Arbeit* war das Zauberwort. Die Arbeit wurde zum Lebenszweck. Durch sie erreichte man, daß man wieder wer war, daß man wieder was besaß. Kann man es dieser Generation verdenken, daß sie, nachdem sie froh war, überlebt zu haben, nun so sehr nach Komfort und Sicherheit strebte und noch immer strebt und dieses Ziel auch ihren Kindern als einzig erstrebenswertes darstellt?

Deine Großmutter war es also, die Dir geraten hat, Dich an mich zu wenden. Du weißt ja: Sie ist mir eine langjährige Freundin. Wie ich Deinem Brief entnehme, zeigt sie großes Verständnis für Deine Zukunftspläne. Etwas anderes hätte ich auch nicht von ihr erwartet. Eine gewisse Skepsis gegenüber der Frage, wie Du auf dem Land aus eigener Kraft existieren willst, ohne zu verhungern, ist ihr gutes Recht. Diese Skepsis teile auch ich, und ich werde sie durch meine Erfahrungen zu begründen versuchen. Sie bezieht sich nicht auf das Grundsätz-

liche Deines Vorhabens, sondern auf dessen praktische Verwirklichung.
Du hast Dir also schon einige Landkommunen in Süddeutschland und Österreich und einen Hof der Longo-Mai-Bewegung in der Provence angesehen. Du warst öfter bei Deinem Freund und seiner Frau zu Besuch, die einen alten Bauernhof gekauft haben und nun eine Schafzucht aufbauen. Du bewunderst einen jungen Mann aus Deinem Bekanntenkreis, der vor einem Jahr seinen Vertreterjob hingeworfen und ein Stück Land gepachtet hat. Dort baut er nun Gemüse auf biologisch-dynamische Art an. Und Du hast ein paar Ferienwochen lang einer Familie geholfen, die aus der Großstadt in eine einsame Mühle gezogen ist und dort seit zweieinhalb Jahren versucht, von den Erträgen der vier Hektar Land, die dazugehören, zu leben. Aber das alles seien nur Anfänge, meint also Deine Großmutter und empfiehlt Dir, auch solche Versuche alternativen Landlebens kennenzulernen, die sich schon viele Jahre hindurch bewährt haben, und Dich über Versuche zu informieren, die gescheitert sind.
Ich glaube, sie hat Dir damit einen sehr guten Rat gegeben. Und nun fragst Du: Aber wo hört man schon etwas über die Erfahrungen alter »freaks«?
Ja, wenn Du so willst, bin ich ein alter »freak«, und Du sollst über meine Erfahrungen hören. Ich will Dir von unserem Versuch erzählen, vor fünfzig Jahren ein Alternativleben auf dem Lande zu führen, auf einem ehemaligen Sumpf, der von den Einheimischen *Rosinkawiese* genannt wurde.
Deine Großmutter lernte diese Wiese schon kennen, bevor wir, mein Mann und ich, den Pachtvertrag unterschrieben hatten. Sie besuchte uns spontan, nachdem ich ihr ein halbes Jahr nach unserer Hochzeit, übersprudelnd vor Glück und Begeisterung, von unserem Vorhaben berichtet hatte.
Wir wohnten damals noch in einem möblierten Zimmer im Dorf. Wir holten sie vom Zug ab und führten sie gleich auf dem zwei Kilometer weiten Feldweg hinaus zu unserem zukünftigen Land. Daß sie hungrig und müde von der mehrstündigen Bahnfahrt sein könnte, kam uns nicht in den Sinn. Aber da sie so

jung war wie wir, hielt die Spannung sie munter, und unsere Begeisterung steckte sie an und ließ ihr alles andere unwesentlich erscheinen.

Ja, da standen wir also zu dritt auf der abgelegenen, sauren Wiese, mitten im November, und ich erinnere mich genau, daß es, während wir mit großen Gesten hierhin und dorthin zeigten und Deiner Großmutter unsere Pläne erörterten, ganz allmählich zu schneien begann. Auf ihrem dunklen Haar blieben die Flocken hängen, aber sie war so fasziniert von unserem Vorhaben, daß sie gar nicht darauf achtete.

Dort sollte das Haus stehen und da ein Weg entlangführen, und hier war ein Spielplatz für die Kinder mit Schaukel und Sandkasten vorgesehen. Und das ganze übrige Grundstück sollte in Streifen aufgeteilt werden, voneinander abgetrennt durch Obstbaumreihen.

Deine Großmutter fragte, und wir antworteten. Sie wollte alles ganz genau wissen. Es erfüllte uns mit Stolz, daß sie gern mitgemacht hätte. Aber sie hatte sich damals gerade mit Deinem Großvater verlobt, und sie wollten bald heiraten.

Wir umwanderten an jenem Novembertag die ganze Rosinkawiese. Da lag sie: bräunlich, unansehnlich, leer, vollgesogen mit Regenwasser. In den Mulden quoll es bei jedem Schritt unter unseren Schuhen hervor. Aber wir sahen bereits das kleine spitzgiebelige Wohnhaus zwischen den Pappeln und Fichten vor uns liegen, mitten zwischen Blumenrabatten, Gemüsebeeten und Obstbäumen, sahen Hühner scharren und Ziegen weiden und den Rauch aus dem Schornstein friedlich aufsteigen in einen wolkenlosen Himmel. Und natürlich tollten unsere noch ungeborenen Kinder in diesem paradiesischen Bild umher!

Wir alle drei bekamen nasse Füße. Schon auf dem Heimweg ins Dorf begann ich zu niesen. Am nächsten Tag hatte ich einen starken Schnupfen. Deine Großmutter nahm ihn mit auf die Heimreise.

Das war ihre erste Begegnung mit unserer Rosinkawiese. Sie kam noch oft. Manchmal allein, manchmal mit Deinem Großvater, der als Kaufmann das alles wohlwollend belächelte, spä-

ter mit Deiner Mutter, Deinem Onkel Manfred und Deiner Tante Sigrid, und nahm regen Anteil an unserem Wagnis. Ich glaube, sie liebte die Rosinkawiese genauso wie wir.
Wie sollte man sie auch nicht lieben, trotz allem? Aber gerade wegen dieses »Trotz allem« hat Dir Deine Großmutter empfohlen, meine Erfahrungen kennenzulernen. Sie will Dir durch diese Erfahrungen helfen, Fehler und Enttäuschungen zu ersparen.
Ich werde Dir also die Geschichte der Rosinkawiese während der nächsten Tage und Wochen aufschreiben. Wenn Dir diese Geschichte hilft, Klarheit über Dein Vorhaben zu verschaffen und endgültige Entschlüsse zu fassen, soll mir das Ergebnis die Mühe wert gewesen sein.
Grüße Deine Großmutter von mir, wenn Du sie das nächste Mal siehst. Ich bin ihr zwar einen Brief schuldig, aber sie wird sicher mit mir einer Meinung sein, daß der Rosinkawiesen-Bericht jetzt wichtiger ist.

Deine Tante Elfriede

2

Hartershausen, den 5. März 1979

Lieber Michael,

heute kam Deine Karte an, auf der Du mir den Empfang meines Briefes meldest und mir schreibst, daß Du voller Spannung meinen Bericht erwartest.

Damit Du nicht zu lange auf ihn warten mußt – denn ich fürchte, er wird ziemlich umfangreich werden –, schicke ich ihn Dir in Abschnitten zu, als eine Art Fortsetzungsroman. Um meinen Bericht anschaulicher zu machen, sende ich Dir jeweils einige Fotos aus jenen Jahren mit. Es ist mir gelungen, diese über den Krieg hinweg zu retten. Natürlich darfst Du keine zu hohen Ansprüche an sie stellen: Unsere Freunde und wir waren Fotoamateure. Einige der Aufnahmen sind auch von den Kindern gemacht worden. Sende mir die Bilder bitte bei Gelegenheit wieder zurück, denn sie sind für mich und meine Kinder unersetzbar.

Und nun werde nicht ungeduldig, wenn ich sozusagen bei Adam und Eva anfange. Du sollst unbedingt wissen, weshalb ich schon damals, im ersten Viertel unseres Jahrhunderts, ein alternatives Leben anstrebte. Bevor Du also die Rosinkawiese genauer kennenlernst, mußt Du, um sie zu begreifen, erst die Ursachen erfahren, die zu ihrer Entstehung führten.

Ich stamme aus einer gutbürgerlichen Familie. Mein Vater betrieb um die Jahrhundertwende in Saarbrücken einen Elektrogroßhandel, der ihm in kurzer Zeit ein Vermögen einbrachte. Meine Mutter war die Tochter eines höheren Gerichtsbeamten. Als ich zehn Jahre alt war, starb mein Vater. Meine Mutter mußte sich jetzt an ein sparsameres Leben gewöhnen. Aber trotzdem ging es immer noch schön bürgerlich bei uns zu: »Man« tat dies und jenes nicht, verherrlichte Krieg und Vaterland, huldigte dem Kaiser, staunte, wie »herrlich weit« man's doch gebracht hatte, war mißtrauisch gegenüber allem Neuen und beugte sich unehrlichen und muffigen Moralgesetzen. Ich war eine »höhere Tochter«, die, um den Schein zu wahren, ständig bemüht sein mußte, die Verarmung der Familie zu verheimlichen. Dieser Zwang machte mich stumm, einsam und trotzig.

Da geriet ich, vierzehnjährig, mitten im Ersten Weltkrieg in den Wandervogel. Der veränderte mein Leben grundlegend.

Du weißt sicher durch Deine Großmutter, die ihm auch angehörte, daß der Wandervogel nicht ein gewöhnlicher Wanderverein, sondern eine Weltanschauung war. Diese Jugendbewegung war entstanden aus der Auflehnung der bürgerlichen Jugend gegen die Verlogenheit, die falsche Fassade des Bürgertums und wurde vor allem sichtbar in einer Art Zurück-zur-Natur. Sie breitete sich innerhalb weniger Jahre über ganz Deutschland, Österreich und die deutschsprachigen Teile der späteren Tschechoslowakei aus. Es war ein vielversprechender Aufbruch, der Unruhe im Bürgertum auslöste.

Gewiß, man macht dieser Bewegung zu Recht den Vorwurf, daß sie sich in die Natur und die völkische Vergangenheit geflüchtet habe, daß sie ihrer Gegenwart und all deren politischen und sozialen Problemen ausgewichen sei, statt sich ihr zu stellen. Wäre der Aufbruch der Jugend damals ein politischer gewesen, wäre es den Nazis kaum gelungen, an die Macht zu kommen.

Aber wir jungen Leute erkannten diesen folgenschweren Fehler nicht. Wir verstanden unsere Sehnsucht nach einem anderen, einem wahrhaftigeren Leben nicht politisch. Wir bildeten keine Landkommunen, keine Wohngemeinschaften, wehrten uns nicht gegen eine bürgerliche Berufsausbildung. Gewaltlos lösten wir uns ab vom bürgerlichen Lebensmuster, verließen unsere Familien an den Wochenenden und wanderten in Gruppen in die ländliche Umgebung, trafen uns mit anderen Gruppen in unseren Landheimen oder übernachteten irgendwo bei Bauern im Heu. Abends saßen wir um ein Lagerfeuer, jemand spielte Laute oder Gitarre, die anderen sangen dazu – meist alte Volkslieder.

Während der Schul- und Semesterferien unternahmen wir mehrwöchige Fahrten, wobei unter dem Begriff »Fahrten« Fußmärsche zu verstehen sind. Die Eisenbahn wurde dabei selten benutzt, höchstens zur Anfahrt in die Gegend, die durchwandert werden sollte. Wir wanderten bis zu zwanzig, ja dreißig Kilometer am Tag und kochten auf offenem Feuer im Freien. Wir kehrten in keiner Gastwirtschaft ein. Alkohol und Nikotin waren verpönt, ebenso der bürgerliche Gesellschaftstanz. Schon äußerlich unterschieden wir uns von den anderen: Wir zogen uns betont einfach an, in starkem Kontrast zur damaligen bürgerlichen Mode.

Natürlich wirst Du jetzt einwenden, daß das alles doch nichts Neues ist. Aber damals *war* es etwas Neues. Das ganze Bürgertum fühlte sich geschockt. Einfach leben, naturverbunden leben, ehrlich leben, das bedeutete schon einen gewaltigen Einbruch in die Plüschwelt der Wilhelminischen Gesellschaft. Denn es handelte sich ja, wie ich schon sagte, nicht um einzelne seltsame junge Leute, sondern um eine breite Bewegung. Stell Dir doch mal vor: Umhegte Mädchen aus reichen Häusern zogen plötzlich in Leinenkitteln und schweren Wanderschuhen unbehütet durch Wald und Wiesen und schliefen in Zelten, bei Bauern in der Scheune oder einfach unter freiem Himmel in einem Heuhaufen! Junge Männer warfen Stehkragen und Hemdenbrüste, Krawatten und Fräcke ab und liefen in kurzen Hosen und lässigen Kitteln umher! Sie kehrten den Burschenschaften den Rücken, betonten die eigene Verantwortung, wehrten sich gegen Titel- und Ordenssucht, gegen Standesdünkel und verlogene Höflichkeitsfloskeln, gegen falsche Fassaden in jeder Hinsicht.

Inzwischen ist all dies erfrischend Neue natürlich nicht mehr neu, ist zum größten Teil Allgemeingut geworden, leider auch durch den Nationalsozialismus, der sehr geschickt einige Wesensmerkmale der Jugendbewegung übernahm und seinen Zwecken unterordnete.

Dir und Deinen Freunden wird man nicht vorwerfen können, daß Ihr der Gegenwart ausweicht. Es geht Euch doch, wenn ich Euch richtig verstehe, darum, Euren Mitmenschen eine der vielen Möglichkeiten eines neuen Lebensstils vorzuleben, der, würde er von einer breiten Schicht der Bevölkerung übernommen, vielleicht dazu beitragen könnte, die immer deutlicher drohende Selbstzerstörung der Menschheit aufzuhalten, wenn nicht sogar abzuwenden.

Aber nun zurück zu *meinem* Aufbruch: Ich war nicht mehr stumm und einsam, seit ich dem Wandervogel angehörte. Ich machte begeistert mit. Keinen Sonntag blieb ich daheim. Ich bestand die Probezeit, die jeder Wandervogel-Anwärter durchlaufen mußte, wurde endgültig aufgenommen, wurde selber Führerin. Nächtelang diskutierten wir rund um die Lagerfeuer und auf den Heimabenden. Ich lernte, ich reifte, ich wurde geprägt. Diese Jahre waren in meinem Leben die schönsten neben der Zeit in Veckenstedt und auf der Rosinkawiese. Ich besuchte das Lyzeum, wurde Kindergärtnerin, dann Jugendleiterin. Das ist das, was man heute Sozialpädagogin nennt. Nach einer kurzen, eigentlich belanglosen Berufszeit gelang es mir endlich, eine Anstellung im Landwaisenheim in Veckenstedt am Harz zu bekommen. Die damals neu entstandenen Landerziehungsheime und Landschulheime interessierten mich wie alle Wandervögel wegen ihrer einfachen Lebensweise und ihrer neuen Erziehungsmethoden.

Das Heim in Veckenstedt war eine Stiftung, gedacht für Waisen aus dem Ersten Weltkrieg. Es gehörte zur Kette der Hermann-Lietz-Heime, die es in veränderter Form heute noch gibt. Die staatlichen Zuschüsse für das Waisenheim waren sehr gering, Spenden flossen spärlich. So war es mit seinen dreißig Kindern zu einem guten Teil auf die eigene Landwirtschaft angewiesen.

Als ich in Wasserleben, der Bahnstation von Veckenstedt, nach einer langen Nachtfahrt aus dem Zug stieg, empfing mich ein junger Lehrer mit einem Eselskarren. Auf diesem zog ich samt meinem Koffer ins Heim, die Grovesmühle an der Ilse, ein. Die Kinder liefen uns entgegen, umringten und begrüßten mich. Ich fühlte mich von Herzlichkeit umgeben. Daß mein Zimmer, das man mir zuwies, spartanisch eingerichtet war, störte mich nicht: Tisch, Stuhl, eiserne Bettstelle, kleiner Schrank und

Waschgestell mit Schüssel und Kanne, aber auf dem Tisch stand ein großer Strauß Sonnenblumen.
Gleich an meinem Ankunftstag geriet ich mitten in die Heuernte: Der Unterricht in der Heimschule wurde eine Stunde früher geschlossen, und Heimleiter, Erzieher und Schüler wanderten mit geschulterten Rechen hinaus ins Heu. Ich ließ mir auch einen Rechen geben und half mit. Nach dem Mittagessen war bis zwei Uhr Freizeit. Die Kinder wollten baden gehen, die meisten Erwachsenen schlossen sich an.
Auf dem Weg zum Badeteich, der eine Viertelstunde Fußweg entfernt lag, fiel mir auf, wie zutraulich mir die Kinder begegneten. Sie fragten mich nach meinem Vornamen und redeten mich – wie auch die anderen Erwachsenen – mit ›du‹ an. Das war damals ganz und gar ungebräuchlich! Noch erstaunlicher fand ich, daß sich die Kinder am Teich mit größter Selbstverständlichkeit auszogen und nackt ins Wasser wateten. Die Größeren schwammen in den Teich hinaus, während die Erwachsenen mit den Kleineren Schwimmen übten. Da gab es kein nüchternes Beaufsichtigen. Es ging zu wie in einer Familie.
Nach der Rückkehr ins Heim versammelten sich alle Kinder und Erwachsenen zur Arbeitsverteilung im Hof. Der Heimleiter verlas die Liste der an diesem Nachmittag anfallenden Arbeiten und notierte die Namen der Kinder, die sich freiwillig für die verschiedenen Aufgaben meldeten. Da wurden etwa drei Mädchen als Einkochhilfe in der Küche gebraucht, vier Sechs- bis Achtjährige hatten je einen halben Eimer voll Kartoffeln zu schälen, der Gärtner forderte einige Kinder zum Jäten an, zwei Jungen von dreizehn und vierzehn Jahren übernahmen das Ausmisten des Schweinestalls. Die übrigen zogen wieder mit Hallo ins Heu, obwohl sie wußten, daß ihre Arbeitszeit heute nicht zwei, sondern vier, vielleicht auch fünf Stunden betragen würde. Ihre Freizeit von vier bis sechs Uhr fiel aus. Das Heu ging vor.
Nach dem Abendessen versahen die Kinder noch ihre »Ämter«: Wasser vom Hofbrunnen in die verschiedenen Räume tragen, denn es gab kein fließendes Wasser im Haus; Geschirr waschen; Tische säubern; Blumen gießen und dergleichen

mehr. Danach gingen die Kleineren schlafen. Die Größeren trafen sich im Wohnzimmer. Dort saßen Kinder und Erwachsene bunt durcheinander, und der Heimleiter las ihnen in allabendlichen Fortsetzungen aus einem Buch vor. Die Familien-»Väter« und -»Mütter«, Pädagogen, die eine Gruppe von fünf oder sechs Kindern unter ihrer Obhut hatten, überwachten das abendliche Waschen.

Sobald alle Kinder in ihren Familienschlafräumen – Jungen und Mädchen getrennt – in den Betten lagen, wünschten ihnen die Erwachsenen eine gute Nacht und trafen sich dann noch einmal in der Küche.

Jetzt erst lernte ich die Mitarbeiter näher kennen. Ich fühlte mich in ihrem Kreis sofort wohl und erfuhr, daß fast alle Erwachsenen im Heim aus der Jugendbewegung, dem Wandervogel, kamen – ebenso wie ich. Jeder Tag bestätigte aufs neue: Hier war die ganze Erziehung auf Partnerschaft zwischen Erwachsenen und Kindern aufgebaut, sowohl in der Freizeit wie auch in der Arbeit. Der Heimleiter war für uns wie für die Kinder nur der Theo, und sein Doktortitel war manchen »Heimbürgern« vielleicht nicht einmal bekannt. Es herrschte äußerste Einfachheit, und jeder im Heim, auch der Jüngste, mußte bei der Arbeit helfen. Die Teilnahme an der Arbeit war selbstverständlich. Hätte eines der Kinder sich prinzipiell geweigert mitzuarbeiten, wäre es weder bestraft noch dazu gezwungen worden, aber es hätte sich damit aus der Gemeinschaft ausgeschlossen. Das wollte niemand. Die Kinder *wollten* gefordert werden. Sie begriffen, daß auch sie schon eine ganz bestimmte und sehr wichtige Aufgabe im Heimgefüge zu erfüllen hatten: Sie wurden gebraucht. Das verlieh ihnen Selbstwert. In meiner gesamten Berufspraxis waren mir keine glücklicheren Heimkinder begegnet.

Die Arbeit machte die Freizeit wertvoller. Sonntags morgens wurde gemeinsam musiziert und gesungen, danach konnte jeder tun, wozu er Lust hatte. Am Nachmittag gestaltete jede »Familie« das Programm für sich. Es gab auch Sonntage mit gemeinsamen Ausflügen, zuweilen sogar Nachtwanderungen. Alle machten mit, auch die Kleinen. An heißen Sommertagen verbrachten wir den ganzen Nachmittag am Badeteich. Ich erinnere mich auch an ein Wochenende in Hildesheim, wo unser Kinderchor an einem Wettsingen der Jugendbewegung teilnahm und einen Preis gewann.

Das Heimessen hätte bei einem heutigen Wohlstandsbürger einen Schock ausgelöst: zum Frühstück Schrotbrei aus von den Heimleuten selbst angebautem, mit selbsterzeugter Elektrizität geschrotetem, mit Wasser und wenig Salz gekochtem Weizen und einem Guß süßer Milch darüber. Mittags Gemüse zu Salzkartoffeln – ohne Fleisch. Abends wieder Brei. Nur sonntags abends gab es Brot mit Wurst vom selbstgeschlachteten Schwein. Der kulinarische Höhepunkt war der Sonntagmittag-Reisbrei mit Kompott aus dem Heimgarten.

Und unser Gehalt? Sogar für die damals herrschende Inflationszeit war es lächerlich gering: Pro Monat wurde uns – neben freier Station – der Gegenwert von etwa fünf Kilogramm Roggen ausgezahlt, bei einer täglichen Arbeitszeit von durchschnittlich zwölf bis dreizehn Stunden.

Und kannst Du Dir vorstellen, Michael, daß sich heute eine Heimerzieherin dazu herbeiließe, bei der großen Wäsche mitzuhelfen? In Veckenstedt war es selbstverständlich: An jedem Dienstag um fünf Uhr morgens begannen die weiblichen Erwachsenen und die beiden ältesten Mädchen in der Waschküche zu waschen. Auch die Lehrerin wusch mit, sobald der Unterricht zu Ende war. Es mußte damals jedes einzelne Wäschestück auf dem Waschbrett gerubbelt werden. Zwei große Jungen schleppten Wasser. Es war eine mühsame Arbeit. Das Ganze lief aber mehr wie ein Fest ab. Es wurde gesungen und gelacht, und wenn alle Wäsche am späten Nachmittag auf der Leine hing, wurden die Kinder in den Waschzubern gebadet. Spät am Abend stiegen wir Großen auch noch in die Wannen.

Auch schon für die damalige Zeit bedeuteten diese »Arbeitsbedingungen« für Pädagogen eine Zumutung. In Veckenstedt aber hatten sich lauter Idealisten zusammengefunden, die sich mit dem Anliegen des Heimes identifizierten und denen dieser anspruchslose Lebensstil gefiel. Für Kleidung brauchten wir

nicht viel Geld aufzuwenden, denn wir liefen in einfachstem Zeug und alten Sandalen herum. Und wir wurden satt. Andere Bedürfnisse hatten wir kaum. Es wurde weder geraucht noch getrunken, obwohl kein Verbot der Heimleitung bestand. Es verstand sich von selbst, denn wir kamen, wie ich schon sagte, aus der Jugendbewegung.
Ich füge diesem Brief zwei Fotos aus dem Heimleben bei. Besondere Kommentare dazu sind unnötig.
Du wunderst Dich vielleicht, weshalb ich Dir dieses Heimleben so ausführlich schildere, obwohl ich nur ein einziges Jahr dort war. Wie ich Dir eingangs schrieb: Man muß Veckenstedt kennen, um die Rosinkawiese zu verstehen. Die ist so, wie sie war, ohne die Veckenstedter Einflüsse undenkbar.
Aber, wirst Du fragen, warum bist du dann nur ein einziges Jahr dort geblieben? Wenn dich das Heim so beeindruckt hat? Wenn du dort so glücklich warst?
Ja, siehst Du, ich lernte in Veckenstedt meinen Mann kennen. Er war schon ein Jahr früher als ich ins Heim gekommen. Er hatte den großen Garten zu betreuen und gab den Biologieunterricht in der Heimschule. »Pusemann« nannten ihn die Kinder. Auch er kam aus der Jugendbewegung. Durch ihn lernte ich später Deine Großmutter kennen, die demselben Wandervogelbund angehört hatte wie er. Und er war es auch, der mir die Idee nahebrachte, eine Existenz auf dem Lande aufzubauen, unfruchtbares Land in fruchtbares umzuwandeln – zu *siedeln*, wie man das damals nannte.
Wie wir nun gemeinsam darangingen, unsere Idee auf der Rosinkawiese zu verwirklichen, will ich Dir in meinem nächsten Brief schildern.

Deine Tante Elfriede

3

Hartershausen, den 8. März 1979

Lieber Michael,

dieser Brief hat sich etwas verzögert, weil ich erst das Schreiben Deiner Mutter beantworten wollte, das ich vor drei Tagen erhielt. Sie bittet mich, Dir zu Deinem Vorhaben nicht zuzuraten. Du seiest auf dem besten Weg, Dir Deine ganze Zukunft zu verbauen.
Ich schrieb ihr zurück, daß Du mich um einen Erfahrungsbericht über mein Leben auf der Rosinkawiese gebeten habest. Der werde Deine Begeisterung möglicherweise etwas dämpfen, denn er konfrontiere Deine Träume mit der rauhen Wirklichkeit.
Ich betonte aber auch, daß ich im Prinzip Deine Einstellung zum Leben und unser aller Zukunft begrüße. Ich empfahl ihr zu versuchen, Deinem Wunsch nach einem einfachen Leben Verständnis entgegenzubringen. Daß sich eine Wende in der gesamten Einstellung zum Leben anbahnt, zeige sich unter dem Motto »small is beautiful« überall, und auch in den Medien spiegele sich immer deutlicher ein großes Unbehagen an der Konsumgesellschaft wieder. Willst Du Deinem Sohn zum Vorwurf machen, fragte ich sie, daß er daraus die Konsequenzen zieht und versucht, einen neuen Lebensstil zu finden?
Vielleicht bewirkt mein Brief, daß sie vorurteilsloser über Deine Motive nachdenkt.
Die Idee des Siedelns hatte mein Mann schon als Gymnasiast von seinem nächstälteren Bruder übernommen, der gegen Ende des Ersten Weltkrieges gefallen war. Er betrachtete sie als dessen Vermächtnis. Sein Vater hatte ihm nahegelegt, Medizin zu studieren. Er aber hatte sich zum Studium der Landwirtschaft entschlossen, um für die Verwirklichung seiner Idee gerüstet zu sein. So studierte er erst an der Hochschule für Bodenkultur in

Wien, danach an der Universität in Breslau Landwirtschaft und besuchte anschließend als fertiger Diplomlandwirt noch eine Gartenbauschule in Lindau am Bodensee.
Ja, das war eine gründliche Vorbereitung für sein Ziel. Schließlich ist Gärtner und Bauer ein Beruf wie jeder andere. Natürlich kann ein Laie Sonnenblumen säen und ein Schaf anpflocken. Aber damit hat sich so ein Leben auf dem Land ja nicht getan. Will man wirklich mit Garten und Feld und Tierhaltung zurechtkommen, muß man schon einigermaßen Bescheid wissen. Sonst geht ein solches Experiment unweigerlich schief.
Mein Mann war nach Veckenstedt gegangen, um nach der Theorie noch einige Erfahrungen für die Praxis zu sammeln. Für mich war er anfangs nicht mehr als ein sympathischer, zuverlässiger Arbeitskamerad: fleißig, ruhig in seinem Auftreten, besonnen – auffallend nur durch seinen rötlichen Vollbart, der ihn älter wirken ließ, als er war. Vollbärte waren damals aus der Mode, aber das störte ihn nicht. Er trug ihn wie sein Vater und seine Brüder bis in die späten dreißiger Jahre.
Lange, bevor wir beschlossen, uns zusammenzutun, hatte er mir von seinen Plänen erzählt und mich für sie begeistert. Gewiß, ich war ein Stadtkind, ich hatte nicht viel Ahnung vom Landleben. Aber ich hatte gelernt, hart zu arbeiten, auf Bequemlichkeit zu verzichten und mich schwierigen Situationen anzupassen. Es war meine Art, ein Ziel unbeirrt zu verfolgen. Ich traute mir zu, das nötige Wissen und Können, was Gartenbau und Viehzucht betraf, nach und nach zu erwerben. Wir waren beide große Idealisten und Optimisten.
Schon in dem einen Jahr in Veckenstedt habe ich eine Menge an Fertigkeit, praktischen Handgriffen und Kenntnissen erlernt, die mir später sehr zustatten kamen. Ich habe dort viel im Garten mitgearbeitet, nicht nur, um in der Nähe meines zukünftigen Mannes zu sein. Mir machte die Gartenarbeit Spaß. Und während der Erntezeit waren wir natürlich alle draußen auf den Feldern. Aushilfsweise kochte ich auch manchmal für das ganze Heim und lernte mit einem minimalen Etat auszukommen.
Ich wäre gern noch ein oder zwei Jahre in Veckenstedt geblieben, aber es drängte meinen zukünftigen Mann, selbständig zu

werden, etwas Eigenes aufzubauen. Und so ließen wir uns in Saarbrücken, meiner Heimatstadt, standesamtlich trauen, nachdem wir lange überlegt hatten, ob wir unser Zweierverhältnis überhaupt legalisieren lassen sollten. Uns hätte nicht gekümmert, was die Welt zu unserem freien Zusammenleben gesagt hätte. Aber um der Kinder willen, die wir uns wünschten, heirateten wir standesamtlich, denn damals, in den zwanziger Jahren, hatten es unehelich geborene Kinder noch recht schwer, sich gegenüber »makellosen« zu behaupten. Diese Belastung wollten wir ihnen nicht mit auf den Weg geben.
Mein Mann war fünfundzwanzig, ich zweiundzwanzig Jahre alt, als wir ein paar Tage nach der Trauung in seine Heimat reisten. Ein Bild, das uns als Jungverheiratete zeigt, lege ich Dir bei.
Mein Mann stammte aus Ostböhmen, das bis zum Ende des Ersten Weltkriegs zu Österreich gehört hatte und nun einen Teil der Tschechoslowakei bildete. Mit der Heirat wurde ich

also tschechische Staatsangehörige. Das war eine Formalität, mehr nicht, denn das Dorf Wichstadtl, in dem mein Mann geboren und aufgewachsen war, lag mitten in einer deutschsprachigen Gegend. Die Grenze zum reichsdeutschen Schlesien war von Wichstadtl nur zwei Kilometer entfernt. (Ich lege Dir zu Deiner Orientierung eine Kartenskizze bei.) Hier, im Adlergebirge, sprach man schlesischen Dialekt.
Das Adlergebirge riegelt den Glatzer Kessel nach Südwesten ab – eine in Deutschland unbekannte Bergkette mit ausgedehnten

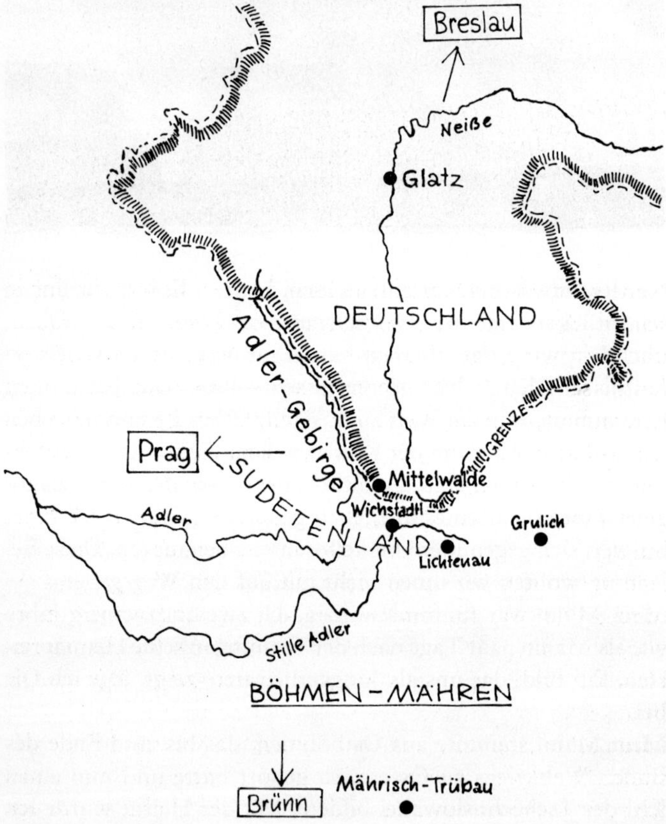

Nadelwäldern und herrlichen klaren Bächen. Es war eine landschaftlich ungemein reizvolle Gegend, mit ihren Bauerndörfern und verstreuten Einzelgehöften, mit ihren schmalen Feldstreifen zwischen gebüschüberwucherten Rainen, baumgesäumten Landstraßen und winzigen Kapellen, die die Figuren oder Bilder der in diesen Landstrichen verehrten Heiligen enthielten und zum Beten aufforderten. Am Südhang des Adlergebirges lag Wichstadtl, damals ein Marktflecken von etwa achthundert Einwohnern, eingebettet in ein tiefes Tal, durch das eine früher wichtige Landstraße führte. Spitzgiebelige, weißgetünchte Häuser scharten sich um Kirche und Marktplatz. Es war ein Dorf, das hauptsächlich von Bauern, Handwerkern, Heimarbeitern und Tagelöhnern bewohnt wurde. Die einzige Industrie am Ort, eine kleine Weberei, war nach einigen Jahren kümmerlicher Existenz eingegangen. Als ich in das Dorf kam, stand die winzige Fabrik längst leer.
Ich schicke Dir eine alte Aufnahme von Wichstadtl. Allerdings

sehen darauf die Hänge viel flacher aus, als sie in Wirklichkeit sind. Wo ich den Kreis eingezeichnet habe, lag später unsere Rosinkawiese.
Gleich vom ersten Tag an fühlte ich mich wohl in Wichstadtl. Ich wurde sehr herzlich von meinen Schwiegereltern aufgenommen. Und als ich in der ersten Nacht oben in der Dachkammer, die nach Holz und Honig roch, durch die Stille des schlafenden Dorfes den Bach rauschen hörte, löste sich meine Befangenheit, verflüchtigten sich meine geheimen Ängste vor dem Ungewissen, vor dem Wagnis: Dieses Dorf bot sich an, mir Heimat zu werden, mit allem, was es an Liebeswertem besaß, und ich erkannte mit Freude, daß es mir nicht schwerfallen würde, hier Wurzeln zu schlagen.
Anfangs wohnten wir bei meinen Schwiegereltern. Mein Mann war der jüngste Sohn des ehemaligen Dorflehrers. Ein Bruder meines Mannes war, wie ich schon erzählt habe, im Ersten Weltkrieg gefallen. Drei Brüder, ein Architekt und zwei Lehrer, lebten in der Nähe und besuchten ihre Eltern oft. Die einzige Schwester war mit einem Gendarmen verheiratet, der in der Slowakei Dienst tat. Aber auch sie ermöglichte es hin und wieder, auf Besuch zu kommen.
Ich genoß es, nun einer so großen Familie anzugehören, denn ich selbst besaß nur eine jüngere Schwester. Die alteingesessene Familie meines Mannes war sehr angesehen im Ort, ja im ganzen Adlergebirge. Jeder kannte und grüßte den alten, bärtigen »Herrn Oberlehrer«, und viele Dörfler holten in ihren Angelegenheiten seinen Rat ein. Ich füge noch ein Foto bei, auf dem Du ihn mit meinem ältesten Schwager vor seinem Haus stehen siehst, unter einem mächtigen »Haferbirnbaum«.
Wir suchten uns bald ein Zimmer im Dorf, um selbständig zu sein. Dann begannen wir voller Eifer, unsere Pläne zu verwirklichen. Schon von Veckenstedt aus war mein Mann für ein paar Tage heimgereist, um sich nach einem geeigneten Grundstück umzusehen. Er hing sehr an seiner ostböhmischen Heimat, deshalb war es für ihn selbstverständlich, sich sein künftiges Leben nur »dort« vorzustellen. So entschied er sich für die Rosinkawiese.

Was für ein merkwürdiger Name, wirst Du denken. Aber eigentlich ist er gar nicht so merkwürdig. Es ist ein schlesisches Dialektwort und heißt »Rosinenwiese«. Natürlich hatte die Wiese nichts mit Rosinen zu tun. Aber gerade *diese* Tatsache hatte ihr den Namen eingebracht, der ironisch gemeint war und Geringschätzigkeit ausdrücken sollte. Undenkbar für die anspruchslosen Gebirgsbauern, denen Rosinen im Kuchen bereits als Wohlstandsmerkmal galten, daß diese Wiese jemals die Grundlage zu solchem Rosinenwohlstand hätte werden können.

Die Wiese war ein ehemaliges Hochmoor und lag zwei Kilometer vom Dorf entfernt. Die Wichstädter Gemeinde, der sie gehörte, hatte sie ein paar Jahre zuvor drainiert und mitten darin einen Entwässerungsteich angelegt, quadratisch, sechzig mal sechzig Meter groß. Nun war die Rosinkawiese also kein Hochmoor mehr, sondern ein unfruchtbares, immer noch saures, teilweise vermoostes Wiesenland, das nicht mehr Ertrag

einbrachte als zweimal im Jahr ein paar Fuhren miserablen Heus. Es war zwei Hektar, also acht Morgen groß, die Fläche des Teiches nicht mit eingerechnet.
Landschaftlich war die Rosinkawiese herrlich gelegen: sanft zum Teich hin geneigt, im Rücken, nach Norden zu, einen Berghang, auf dessen Kamm die Grenze mit Deutschland entlanglief, eine sonnige Lehne aus Feldern, Wiesen, sträucherbewucherten, steinigen Rainen und Bauernwäldchen.
Im Osten, nur ein paar Schritte weit, lag der kleine Fichtenwald unseres Feldnachbarn. Daneben öffnete sich ein weiter Blick bis auf den vierzehn Kilometer entfernten Muttergottesberg, Ziel vieler Wallfahrten aus ganz Böhmen.
Im Süden, jenseits des Teiches und von ihm durch ein breites Feld abgetrennt, lief, von Ahornbäumen gesäumt, die schmale Landstraße entlang, die unser Dorf mit dem Nachbardorf Lichtenau verband. Dahinter, verborgen zwischen Wäldern, lag das romantische Tal der Adler. Zwei Flüßchen, die Wilde und die Stille Adler, gaben dem Gebirge den Namen. An Wichstadtl floß die Stille Adler vorbei, ein Bach voller Forellen und Krebse, der sich an den meisten Stellen durchwaten ließ. Hinter dem Adlertal erhoben sich die Vorhügel des Dürren Berges, einer fast tausend Meter hohen Erhebung. Im Winter wanderte die Sonne immer nur knapp über seine waldige Kuppe hin.
Im Westen lag das Dorf – ein ganzes Stück tiefer und windgeschützter als unsere Rosinkawiese. Die Kirchturmspitze, ein paar Dächer im Tal und einige Häuser auf dem entgegengesetzten Hang konnten wir von uns aus sehen. Und natürlich hörten wir immer die Kirchenglocken aus dem Tal herauf.
Ein Fahrweg für die Gespanne der Bauern führte an unserem Wiesenstück vorbei ins Dorf, an Feldern und Birkengruppen entlang, ließ ein Haselnußwäldchen rechts liegen, verwandelte sich in einen Hohlweg und mündete kurz vor dem Dorf in die Landstraße. Das war später der Schulweg unserer Kinder.
Die Rosinkawiese wurde uns – abgesehen von einem Bauplatz von etwa vierhundert Quadratmetern, den wir kauften – von der Gemeinde in Erbpacht überlassen, das heißt für neunundneunzig Jahre. Diese Einrichtung finde ich übrigens ausge-

zeichnet, denn das Land bleibt auf diese Weise im Besitz der Allgemeinheit. Nur die Nutzung wird bezahlt.
Wir bekamen das Wiesenland zu einem ganz niedrigen Pachtzins, weil es so schlecht war. Das kam uns natürlich zustatten. Über die Unfruchtbarkeit des Bodens machten wir uns keine Sorgen. Wir waren – das muß ich immer wieder betonen – große Optimisten. Das lag wohl auch an unserer Jugend. Wir trauten uns zu, die Wiese in absehbarer Zeit in ein fruchtbares Stück Land umwandeln zu können.
Ich erinnere mich, daß wir während der ersten Monate, die wir in Wichstadtl verbrachten, in den Abendstunden oder an Sonntagen oft hinauswanderten auf das kahle Wiesenstück, voll des Glücks, das wohl auch einmal Walther von der Vogelweide empfunden haben mag, als er ausrief: »Ich hab ein Lehen! Hör es alle Welt, ich hab ein Lehen!«
Da wanderten wir umher und planten und verwarfen, erdachten neue Pläne, verbesserten sie und überboten uns gegenseitig mit hochgesteckten Zielen, die, wie wir später lernen mußten, nie von der Wirklichkeit eingeholt werden konnten. Hand in Hand kehrten wir dann wieder ins Dorf zurück, erfüllt von Träumen.
Soweit für heute. Der nächste Brief wird vom Hausbau handeln.

Deine Tante Elfriede

4

Hartershausen, den 11. März 1979

Lieber Michael,

es kann von Dir noch keine Antwort auf meinen letzten Brief da sein. Trotzdem will ich schon mit dem angekündigten Bericht über den Hausbau beginnen.
All die Erinnerung, die ich in den letzten Tagen geweckt habe, erregt und bewegt mich. Manchmal wache ich nachts auf und überdenke mein damaliges Leben. Und so gelten diese Briefe nicht nur Dir, sondern auch mir. In ihnen durchlaufe ich noch einmal die ganze Entwicklung der Rosinkawiesen-Ära in meinem Leben.
Mein Mann brach den ganzen ersten Winter über Steine für das Kellergeschoß unseres geplanten Häuschens. Sein Bruder, der Architekt, fertigte die Pläne nach unserem Entwurf an. Später übernahm er auch die Bauleitung. Dadurch sparten wir die Architektenkosten. Das Haus durfte nicht groß werden, denn wir hatten nicht viel Geld. Etwa sechzig Quadratmeter Grundfläche, das war das Äußerste, was wir uns leisten konnten. Wir mußten uns auch begnügen, es vorläufig nur im Untergeschoß auszubauen. Mit dem Dachgeschoß mußten wir warten, denn wir konnten uns ausrechnen, daß unser Geld nicht zum gesamten Ausbau reichen würde.
Das ganze Haus sollte etwa 70000 Tschechenkronen kosten. Acht Kronen waren damals so viel wert wie eine Reichsmark. Ich hatte als Mitgift 1000 Reichsmark mit in die Ehe gebracht. Das waren 8000 Kronen. Mein Mann hatte 350 Reichsmark erspart, also 2800 Kronen. Mein Schwiegervater gab uns ein zinsloses Darlehen von 16000 Kronen. Insgesamt standen uns nun 26800 Kronen zur Verfügung. Den Rest, der uns fehlte, also 43200 Kronen, bekamen wir von der Raiffeisenkasse, einer Genossenschaftsbank für Landwirte, als Darlehen. Es

war abzuzahlen bei nur vier Prozent Zinsen zusammen mit der Amortisation in monatlichen Raten von 200 Kronen.
Ich bekam als Ertrag einer kleinen Hinterlassenschaft meines Vaters monatlich 50 Reichsmark geschickt. Von diesen 400 Kronen zahlte ich 200 an die Raiffeisenkasse. Vom Rest mußten wir alles übrige bestreiten: Kleidung, Verpflegung, Arztkosten, Geräte, Samen, Pflanzen für den Garten und alle sonst noch anfallenden Ausgaben.
Es sollte also ein kleines, aber praktisches, gut durchdachtes und bis zum letzten Winkel ausgenutztes Haus werden, ein Holzhaus mit einem Natursteinsockel, wie es im Adlergebirge üblich war. Das Obergeschoß lag bereits halb unter dem steilen Giebeldach. Gern hätten wir die Innenwände mit Holz ausgetäfelt, aber dazu reichte das Geld nicht. Wir mußten sie also verputzen.
Im Frühjahr wurde mit dem Hausbau begonnen. Mein Mann half mit beim Kellerausschachten, bei den Zimmermannsarbeiten und beim Graben des Brunnens.
Ach, dieser Brunnen! Ein Wünschelrutengänger hatte als dessen günstigste Lage eine Stelle zwischen dem Haus und dem Ost-West-Feldweg ausgemacht, an den unser Bauplatz grenzte. Er sollte ja auf unserem eigenen Grund liegen, nicht auf dem Pachtland. Aber die Männer gruben und gruben sich immer tiefer in die Erde hinein, ohne daß sich Wasser zeigte. Unsere Angst wuchs, daß sich der Wünschelrutengänger getäuscht haben könne. Sieben Meter tief wurde der Schacht, bis das Wasser zögernd emporquoll. Wie freuten wir uns, als der Brunnen, sauber in Betonrohre gefaßt, endlich fertig war! Eine Pumpe, die sowohl mit der Hand wie auch mit elektrischem Strom betrieben werden konnte, pumpte später das Wasser aus dem Brunnen in den Keller und von da hinauf ins Haus.
Wenn ich so an diese Zeit zurückdenke, muß ich darüber staunen, was wir in diesem ersten Jahr alles geleistet und erreicht haben. Wir gingen aber auch mit einem unerschöpflichen Eifer an die Arbeit. So viel Hoffnung, so viel Freude hatte sich ja in uns aufgestaut! Wir wollten nicht nur das Haus wachsen sehen. Auch die Wiese sollte sich so schnell wie möglich in Gartenland

verwandeln. Ein Wichstädter Bauer, der Pietsch Johann, ein ehemaliger Schulkamerad meines Mannes, pflügte uns im Frühjahr mit seinem einzigen Pferd einen Teil der Wiese um und eggte sie. Aber es blieb uns noch viel mühevolle Arbeit, bis wir in dieses Stück Land Sommerkorn einsäen und bis wir einige Gemüsebeete herrichten konnten. Wir säten Karotten, Erbsen, Bohnen, Salat. Auch ein Mohnbeet entstand.
Wann immer wir Zeit dazu fanden, gruben wir anschließende schmale Wiesenstreifen um, drei Spatenstiche tief, eine ungeheuer mühsame Sache. »Rigolen« nannte man das. Unendlich langsam kamen wir dabei voran, denn die Wiese war voller Steine und Wurzelstöcke, die wir mühsam herausgraben und entfernen mußten. Du findest diesem Brief wieder ein Foto beigefügt. Es zeigt Dir das Haus im Rohbau.
Das Richtfest wurde gefeiert, das Dach wurde gedeckt. Wir konnten uns vor Freude kaum lassen: *unser* Haus!
Dabei hatte es mit einem heutigen Einfamilienhaus nicht viel gemein. Vor allem besaß es nicht den Komfort, der heute selbstverständlich ist. Aber auch den städtischen Einfamilienhäusern der damaligen Zeit war es nicht sehr ähnlich. Abgesehen davon, daß wir mit unserem bißchen Geld überaus sparsam umgehen mußten, wollten wir auch ein betont einfaches Haus, weil wir *einfach leben* wollten.
Im Erdgeschoß kam man durch einen hölzernen Schuppen mit teils betoniertem, teils lehmgestampften Fußboden über ein paar Stufen in den Hausflur. Vom Schuppen aus zugänglich, lag in dessen Ecke gleich neben der Eingangstür auch das Plumpsklo mit einem seitlichen Behälter für Torfmull. Mit einer kleinen Handschaufel wurde nach jeder Benutzung Torfmull gestreut, der den Geruch weitgehend band. Von außen war die Klotonne herausnehmbar und wurde in regelmäßigen Zeitabständen auf den Komposthaufen geleert.
Vom Hausflur aus ging die Kellertreppe ab, ebenso die Holztreppe ins obere Stockwerk und natürlich der Eingang in die Wohnküche. Sie war der größte Raum im ganzen Haus und wurde mit einem Kachelofen geheizt. Sie bestand aus einem quadratischen Wohnraum und einer Kochecke, hinter der

noch die Speisekammer lag. Vom Herd aus wollte ich die Kinder, die wir schon eingeplant hatten, überwachen können, wenn sie im Wohnraum spielten.
Daneben, ebenfalls im Süden, lag unser vorläufiges Schlafzimmer, solange die Räume im Obergeschoß noch nicht ausgebaut waren. Das Schlafzimmer hatte ebenso große Eckfenster wie die Wohnküche – Doppelfenster wegen der kalten Winter, mit herrlichem Blick auf den Teich und die südlichen Berghänge.
Im Oberstock waren noch vier Räume geplant: unser späteres Schlafzimmer und das Kinderzimmer, mit einer Tür verbunden. Beide hatten große Fenster nach Süden. Daneben eine Kammer, eben groß genug für zwei Betten und einen Schrank, mit einem Dachgaubenfenster nach Westen – später die »Westkammer« genannt. Der vierte Raum war ein winziges Kämmerchen, das nur Platz für ein einziges Bett bot: die Mädchenkammer mit dem Fenster nach Norden. Eine ganz steile, sehr schmale und wegen der Platzersparnis raffiniert kon-

struierte Holztreppe führte später auf den Dachboden, auf dem sich dann im südlichen Giebel noch ein kleines Zimmer ausbauen ließ, das den Namen »Taubenschlag« bekam und in späteren Jahren zwei Betten und zwei schmale Wandschränke sowie einen kleinen Tisch enthielt.

Du wunderst Dich sicher, weshalb ich bisher kein Bad erwähnte. Aber es gab in diesem Haus keines. Im ganzen Dorf gab es so gut wie kein Badezimmer. Morgens wuschen wir uns an der Wasserleitung in der Kochecke, später, als der Oberstock ausgebaut worden war, am Wasserstein im oberen Flur. Einmal in der Woche war Wasch- und Badetag. Wir badeten unten im Keller, in der Waschküche. Dort stand eine Zinkbadewanne. Im Waschkessel, in dem auch die Kochwäsche gewaschen wurde, erhitzten wir das Wasser und schöpften es hinüber in die Badewanne. Der Waschkessel wurde mit Holz und Kohle beheizt. Dieses Feuer erwärmte auch die Waschküche. Nach dem Bad wurde das Wasser aus der Wanne in das Abflußloch geschöpft. Zum Schluß wurde der Rest aus der Wanne gekippt. (Wir besaßen keine Sickergrube. Das Abfallwasser wurde durch Rohre hangabwärts auf die Wiese geleitet.)

Nach den heutigen Vorstellungen war dieses System ungeheuer umständlich, aber es hatte den Vorteil, daß es wesentlich sparsamer im Energieverbrauch und längst nicht so abhängig von technischen Raffinessen war. Holz hatten wir immer vorrätig, Kohlen konnte man kaufen. Der Kessel war also jederzeit beheizbar, wenn wir warmes Wasser brauchten, gleichgültig, ob die Stromleitung funktionierte oder nicht. Außerdem ließ sich darin Abfall verbrennen, der nicht für den Komposthaufen zu verwenden war.

Natürlich wurden unsere Kinder in ihrer Säuglings- und Kleinkinderzeit jeden Tag in einer kleinen Wanne in der Küche gebadet, und den ganzen Sommer über badeten wir jeden Tag, so oft das Wetter es erlaubte, mindestens einmal in unserem Teich.

Wir hatten noch keinen elektrischen Strom im Haus, also auch kein elektrisches Licht. So stellten wir in unserer Wohnküche eine Petroleumlampe und in den Schlafräumen Kerzen auf.

Die Innenwände ließen wir ganz weiß. Der Verputz wurde einfach gekalkt. Der Fußboden bestand, wie in den Adlergebirgshäusern, aus einfachen Fichtenbrettern. Man mußte sie mit Kernseife und Wurzelbürste scheuern. Dabei rutschten wir auf den Knien Stück für Stück rückwärts – eine mühsame, aber damals selbstverständliche Arbeit, die jeden Samstag getan werden mußte.
An der Südgiebelseite befestigte mein Mann, nachdem die Holzwand mit Karbolineum gestrichen worden war, noch zwei selbstgefertigte Nistkästen, die oft »bewohnt« waren.
Wenn man von der Landstraße hinüberschaute, gab unser Haus ein schönes Bild ab: dunkelbraun, mit rotem Ziegeldach und weißen Fensterrahmen mitten im Grünen, so spiegelte es sich im Teich. Aber während der ersten Jahre war es ringsherum natürlich noch sehr kahl.
Wir konnten es kaum erwarten, bis wir endlich im Juli in das Haus einziehen konnten. Es war längst noch nicht fertig, aber das störte uns nicht. Die Hauptsache war das Dach über dem Kopf. Es war ja Sommer.
Mit uns kam Gretel, ein siebzehnjähriges Mädchen aus Nordmähren, deren Brüder mit meinem Mann zusammen im Wandervogel gewesen waren. Auch sie interessierte sich für die Idee des Siedelns. Sie wollte eine Zeitlang bei uns bleiben und mit uns den Anfang auf unserer Rosinkawiese erleben. Sie war ein prächtiger Kamerad und konnte arbeiten. Und sie war ebenso anspruchslos wie wir. Es machte ihr nichts aus, daß wir so gut wie keine Möbel besaßen. Sie nahm es mit Humor, wenn wir in der ersten Zeit Holzklötze als Stühle, eine Kiste als Tisch benutzten und auf Strohsäcken schliefen, die ohne Bettgestelle auf dem Fußboden lagen. Nur für die Wohnküche hatten wir einen alten Tisch und ein paar Stühle geschenkt bekommen. Als Regale hatten wir Kisten übereinandergetürmt. Decken und Kissen stammten aus dem Haushalt meiner Schwiegermutter. Nur mit Bettwäsche waren wir reichlich ausgestattet. Ich hatte eine solide »Aussteuer« mitbekommen.
Heute würde man sich in unserem Land weigern, ein so primitives und unkomfortables Haus zu beziehen. Wir aber fühl-

ten uns damals ausgesprochen wohl darin. Es war *unser* Haus, und wir hatten es im Rahmen unserer Mittel nach unseren Vorstellungen und Wünschen bauen lassen: ein hübsches, eigenwilliges und praktisches Haus, in dem es nirgends einen ungenutzten Winkel gab. Nach Komfort verlangten wir nicht.

Als uns Deine Großmutter wieder einmal besuchte, kurz nachdem wir das Haus bezogen hatten, war sie sehr angetan – so sehr, daß sie einen Monat später schon wiederkam, diesmal mit Deinem Großvater. Sie wohnten damals in Brünn, der zweitgrößten Stadt der Tschechoslowakei, und Deine Großmutter fühlte sich dort gar nicht wohl. Sie hatten eine hohe, etwas düstere Wohnung, die an einer verkehrsreichen Straße lag.

Dein Großvater genoß diese Sommertage bei uns. Er verbrachte einen guten Teil seines Kurzurlaubs in unserem Teich.

Im nächsten Brief werde ich Dir unser Leben im neuen Haus beschreiben.

Deine Tante Elfriede

5

Hartershausen, den 13. März 1979

Lieber Michael,

Deine Eltern führten also ein langes Gespräch mit Dir, oder besser gesagt, sie ließen Dich reden und hörten Dir zu. Ich glaube, dies allein ist schon ein gutes Zeichen. Laß ihnen Zeit.

Nun zu dem Leben in unserem neuen Haus: Wir mußten unsere Bedürfnisse auf ein Mindestmaß herabschrauben, um mit unserem Geld durchkommen zu können, denn wir hatten ja vorläufig außer meiner kleinen Rente noch keine Einkünfte.
Unsere Ernährung war so einfach wie in Veckenstedt. Vor allem verzichteten wir auf Fleisch. Dies allerdings nicht nur um der Sparsamkeit willen: Wir wurden Vegetarier aus Überzeugung, denn für die vegetarische Ernährung braucht man wesentlich weniger Land als für die Ernährung durch gemischte Kost.
Morgens aßen wir Brei aus geschrotetem Weizen oder Brot ohne Butter, nur bestrichen mit selbsthergestellter Marmelade oder Honig, mit dem uns mein Schwiegervater, ein erfahrener Imker, großzügig versorgte.
Mittags gab es Gemüse, roh als Salate oder gekocht zu Kartoffeln, oder zum Beispiel Pellkartoffeln mit einer Zwiebelsoße. Ohne Suppe und Nachspeise. Oder einen Gemüseeintopf. Oder Quetschkartoffeln mit einem bißchen Leinöl darübergeträufelt. In unserer Gegend wurde viel Flachs angebaut. Aus dessen Samen wurde Leinöl gepreßt – das billigste Öl, das dort zu haben war. Leinöl auf Kartoffeln: ein typisches Armeleute-Essen im Adlergebirge.
Abends aßen wir auch meistens einen Brei oder Margarinebrote. Manchmal rösteten wir Brotscheiben auf der heißen Herdplatte und rieben sie mit Knoblauch ein: »Böschnitten«, ebenfalls ein Armeleute-Essen. Es war gesund. Aber danach roch man einen Tag lang nach Knoblauch.

Meine Schwiegermutter, eine herzensgute Frau, kam jede Woche einmal zu uns heraus und brachte Butter, Honig, Zucker, Mehl oder Reis – ein sehr willkommener Zuschuß, der uns ein paar zusätzliche Kalorien und Abwechslung in unsere magere Kost brachte.
Was unsere Kleidung betraf, lebten wir ebenso bescheiden: Mein Mann trug tagein, tagaus blaue Bauernkittel und kurze Hosen, wie die Burschen der Jugendbewegung sie auf ihren Fahrten trugen, dazu Sandalen, wenn er nicht, wie meistens, barfuß ging, sofern das Wetter es erlaubte. Gretel und ich nähten uns einfache, in ihrem Stil ebenfalls vom Wandervogel beeinflußte Kleider und derbe Schürzen. Die Sandalen trugen wir so lange, bis sie uns fast von selber von den Füßen fielen. Für den Winter reichte lange unser Vorrat an warmer Kleidung, den wir beide, mein Mann und ich, mit in die Ehe gebracht hatten.
Noch hielten wir keine Tiere. Das Heu des ersten Sommers überließen wir dem Pietsch Johann. Aber für das kommende Jahr planten wir den Bau eines Hühner- und Ziegenstalls. Darüber, wo das nötige Geld dafür herkommen sollte, machten wir uns noch keine Sorgen. Wir schufteten Tag für Tag von Sonnenaufgang bis Sonnenuntergang und waren überzeugt, daß diese Anstrengungen auch irgendwann einmal ihre Früchte abwerfen mußten. An sonnigen Sonntagen aber wanderten wir zu dritt ins höhere Adlergebirge hinauf oder durch das Tal der Wilden Adler, besonders gern auch auf den Dürren Berg. Mein Mann hatte als Kind von seinem Dorf aus die nähere Umgebung erwandert, später hatte er auf den Fahrten seiner Wandervogelgruppe ganz Ostböhmen und Nordmähren kennengelernt. Nun zeigte er mir seine Heimat, und ich fand sie wunderschön.
Auf dem Rückweg kehrten wir zuweilen bei meinen Schwiegereltern ein und bekamen im Familienkreis ein reichliches und für unsere Verhältnisse üppiges Essen oder Kaffee und Kuchen vorgesetzt.
Einmal machten wir beide, mein Mann und ich, einen Waldspaziergang. Wir hatten Bücher mitgenommen, um uns ir-

gendwo im Gelände niederzulassen und zu lesen. Es war ein sehr heißer Tag. Wir gerieten auf eine Lichtung, die so abseits von den Spazierwegen des Dorfes lag, daß wir glaubten, uns hier hüllenlos sonnen zu können, ohne gestört zu werden, aber auch ohne andere Spaziergänger zu schocken. Denn für die Wichstädter galt so eine »Enthüllung« natürlich als grob anstößig, und kein »anständiger« Mensch, auch kein Ehepaar, tat dies unter freiem Himmel.
Wir zogen uns also aus, legten uns ins Gras und begannen zu lesen: eine Idylle.
Plötzlich hörten wir Stimmen. Noch bevor wir in der Lage waren, die Bücher wegzuwerfen und unsere Kleider überzustreifen, erschien eine Wichstädter Familie – Vater, Mutter und zwei Kinder im Schulalter –, ihrerseits ahnungslos. Als sie uns erblickte, prallte sie zurück und erstarrte.
Was gab es da anderes für uns zu tun, als seelenruhig weiterzulesen? Dies bewirkte, daß die schwergeschockte Familie ihrerseits so tat, als seien wir nicht vorhanden, und mit steifen Nakken, in Schweigen gehüllt, die kleine Lichtung so schnell wie möglich zu überqueren versuchte. Als die Kinder neugierige Blicke aus den Augenwinkeln zu uns herüberwarfen, wies die Mutter sie streng zurecht.
»Schaut dort hinüber!« zischte sie und zeigte in die entgegengesetzte Richtung, wo es außer Wald nichts zu sehen gab. Dabei bemühte sie sich ebenfalls, das Gesicht von uns abzuwenden. Der Familienvater tat noch ein übriges, seine Leute vor unserem Anblick zu bewahren: Er schob sich vor sie, hielt den Kindern seinen Hut vors Gesicht und spornte die Herde zur Eile an. Kaum waren sie verschwunden, ließen wir die Bücher sinken, sahen uns an und mußten lachen.
»Den kenne ich«, sagte mein Mann, »und er kennt mich. Es sollte mich nicht wundern, wenn der den großen Skandal weiterverbreitet.«
»Oder seine Frau«, sagte ich.
Und so kehrten wir auf dem Heimweg bei meinen Schwiegereltern ein und erzählten ihnen die ganze Geschichte.
»Damit ihr's aus erster Hand erfahrt«, sagte mein Mann.

Mit unbewegtem Gesicht wartete meine Schwiegermutter, bevor sie Stellung nahm, die Reaktion ihres Mannes ab. Mein Schwiegervater aber schmunzelte nur.
»Sucht euch das nächstemal einen sichereren Platz dafür aus«, sagte er.
Und die Schwiegermutter: »Wenn ihr euch dabei nur nicht erkältet habt!«
Obwohl die Rosinkawiese einsam lag, fühlten wir uns keineswegs einsam. Wir bekamen viel Besuch. Wandervogelfreunde meines Mannes kamen vorbei, schauten herein, halfen spontan bei der Gartenarbeit mit, blieben zuweilen auch ein paar Tage, weil es ihnen bei uns gefiel – trotz der Strohsäcke und der Kistenmöbel oder vielleicht auch gerade deswegen. Sogar ein Saarbrücker Wandervogel fand den Weg zu uns und blieb ein halbes Jahr. Er half uns und verdiente sich auch in der Umgebung zuweilen etwas Geld dazu, indem er auf Baustellen meines Schwagers arbeitete.
Unsere besten Freunde, die uns immer wieder besuchten, waren der »Kniemann«, der so genannt wurde, weil er auch an kalten Tagen immer mit bloßen Knien ging, und Erni, ein Mädchen mit herrlicher dunkler Lockenpracht. Wir hatten beide auf einer Singwoche in Hassitz bei Glatz kennengelernt. Dort hatte sich sudetendeutsche und reichsdeutsche Wandervogeljugend zu gemeinsamem Singen getroffen.
Glatz lag zwar jenseits der reichsdeutschen Grenze, aber nicht weit von ihr entfernt, so daß wir uns dieses Zusammensein mit Gleichgesinnten hatten leisten können. Davon heimgebracht hatten wir neue Lieder, neue Liedsätze und neue Freundschaften. Der »Kniemann« stand damals vor dem Abitur und studierte später Musik in Prag. Erni, seine Freundin, die er später heiratete, war die Nichte des damals in Wandervogelkreisen sehr bekannten Volksliedsammlers und Satzkomponisten Walter Hensel.
Der Kniemann und Erni waren unzertrennlich. Sie waren in Mährisch-Trübau zu Hause, einer Stadt im Schönhengstgau, die uns so nahe lag, daß die beiden uns übers Wochenende besuchen konnten. Sie waren fasziniert von unserem Vorhaben

und verfolgten interessiert den Werdegang der Rosinkawiese. Jeder ihrer Besuche stand im Zeichen der Musik. Dann sangen wir mehrstimmig zusammen und musizierten. In einem der späteren Jahre gab der Kniemann, als er schon Musik studierte, ein Orgelkonzert in unserer Dorfkirche. Aber es geriet zur Enttäuschung: Unsere Dorfbewohner wußten mit Barockmusik nichts anzufangen. Kaum einer hatte je etwas von Bach gehört. Während meinem Mann und mir das Herz aufging bei dieser Musik, verließ ein Zuhörer nach dem anderen leise die Kirche und verdrückte sich. Am Ende des Konzertprogramms saßen wir fast allein da.

Unter unseren Freunden war auch Theo Walter, ein Schul- und Wandervogelkamerad meines Mannes, der uns oft besuchte. Er verfolgte ebenfalls unser Siedlungsvorhaben mit großem Interesse, nicht nur aus Sympathie für unsere Idee, sondern auch als nüchterner Rechner. Er hatte Volkswirtschaft studiert und war daher sozusagen Fachmann für Rentabilität. Ihm fiel das Existenzproblem unserer Siedelei sofort auf. Doch auch er war Idealist. Ein stiller, unauffälliger junger Mann, aber ein Freund, auf den man sich verlassen konnte.

Als wir ihm von unserem Plan erzählten, einen Hühner- und Ziegenstall zu errichten, um Eier und Milch nicht mehr kaufen zu müssen, fragte er als erstes:

»Habt ihr Geld dazu?«

Nein, das hatten wir nicht, das mußten wir zugeben. Wir hatten ja noch keine Einkünfte aus unserem Garten. Wir mußten wohl noch ein Jahr mit dem Bauen warten.

»Ein Jammer«, sagte mein Mann. »Wo wir doch genug Gras und Heu für mehrere Ziegen hätten. Wir werden das Gras wieder verschenken müssen, fürchte ich.«

»Was soll denn der Stallbau kosten?« fragte Theo Walter.

»Etwa achttausend Kronen«, seufzte mein Mann.

»Ich borg sie euch«, sagte Theo Walter trocken. »Als zinsloses Darlehen. Zahlt sie zurück, wie und wann ihr könnt.«

Wir waren sprachlos. Dann gerieten wir außer uns vor Freude. Jetzt konnten wir unsere Ställe bauen! Jetzt sollten wir mit unserer Selbstversorgung wieder ein Stück vorankommen!

Noch etwas anderes erfüllte uns mit Freude: Ich erwartete ein Kind.
Es war ein Wunschkind. Ja, wir hatten es uns gewünscht trotz unseres mühseligen Anfangs, und es sollte nicht bei nur *einem* Kind bleiben! Unser Haus, unseren Garten, den Teich – alles sahen wir von Anfang an ausgerichtet auf eine Kinderschar, unsere Kinder, die eine geborgene Kindheit und eine schöne Heimat haben sollten.
Es war ein glücklicher Sommer. An den warmen Tagen warfen wir zwischendurch Rechen, Hacken und Spaten weg und gingen zum Teich, um zu baden. Der Teich war das Herz der Rosinkawiese. Die Nordostecke war flach, dort konnte man hineinwaten, und auf der Südwestseite war er tief genug zum Schwimmen. An den Dämmen wuchsen junge Birken und Weiden, im Osten wucherten Binsen. Wir alle drei konnten schwimmen, und von der Plattform, die am Westdamm das Abflußrohr umgab, konnte man auch springen.
Immer änderte sich die Stimmung am Teich, wechselten der Duft, die Geräusche, der Lichteinfall, je nach der Tageszeit, zu der wir badeten. Am schönsten aber war ein Bad bei Nacht. Dann scheuten wir uns nicht, nackt zu baden. Manchmal, wenn der Vollmond sich im Teich spiegelte, wenn die Grillen ringsherum zirpten und es nach Gras und Korn duftete, waren wir überzeugt, daß wir den schönsten Fleck der Erde zu unserer Heimat erwählt hatten.
Es machte mir Freude, Feldblumensträuße zu pflücken und damit unsere Räume zu schmücken. Wir stießen auf seltene Pflanzen auf unserer Wiese und den Nachbarwiesen und machten uns gegenseitig darauf aufmerksam. Wir beobachteten das Wild, das von Wäldchen zu Wäldchen wechselte und sich in der Morgendämmerung sogar auf unser Grundstück wagte. In aller Frühe, wenn wir noch in den Betten lagen, hörten wir draußen schon die Vögel zwitschern. Sie hüpften um uns herum, wenn wir die Beete umgruben. Wir begegneten ihren Nestern im Ufergebüsch des Teiches.
Die Landschaft veränderte sich mit der Jahreszeit. Es wurde »unsere« Landschaft. Wir sahen sie nicht mehr bewußt. Sie ge-

hörte einfach dazu. Näher als auf der Rosinkawiese konnten wir der Natur nicht mehr kommen. Wir lebten in ihrem Rhythmus, sie bestimmte unser Leben.
Wir sangen bei der Arbeit, wir erhitzten uns in heftigen Debatten über Gott und die Welt, wir genossen unsere Kraft und Jugend und den Reichtum dieses einfachen Lebens. Unsere Erwartungen schienen sich erfüllen zu wollen, unsere Idee schien sich zu bewähren.
Dies ist doch die Art Leben, wie Du sie Dir erträumst, Michael, nicht wahr? Ich bestätige Dir aus vollem Herzen, daß es ein wunderbares Sommerleben ist.
Aber es will bezahlt sein: mit Not und harten Wintern.

Deine Tante Elfriede

6

Hartershausen, den 15. März 1979

Lieber Michael,

schon im Spätsommer traf uns die erste Enttäuschung: Unsere Gemüseernte war weit schlechter ausgefallen, als wir erwartet hatten. Die Karotten waren nicht dicker als ein kleiner Finger geworden, die roten Rüben hatten in Radieschengröße aufgehört zu wachsen, den Salat hatten die Schnecken schon im Frühjahr gefressen, wobei einen wundern konnte, daß sie dieses mickerige Zeug nicht verschmäht hatten. Und der Mohn stand auch kümmerlich. Nur unser erstes Sommerkorn konnte sich sehen lassen.
Der Grund der schlechten Ernte wurde uns klar: Dünger fehlte. Obwohl mein Mann neben der Arbeit am Haus das ganze Frühjahr über, fast jeden Tag, mit der Schubkarre auf den Feldwegen und der Landstraße herumgefahren war und allen Pferdemist eingesammelt hatte, um ihn unserer unfruchtbaren Erde beizumischen, hatte er wohl doch längst nicht genug dieser landwirtschaftlichen Kostbarkeit zusammengebracht. Im kommenden Jahr mußte viel intensiver gedüngt werden.
Aber wir ließen uns nicht entmutigen. Noch im Herbst pflanzten wir die ersten Beerensträucher. Ableger aus dem Garten meines Schwiegervaters: Himbeeren, Stachelbeeren, rote, gelbe und schwarze Johannisbeeren, dort Ribiseln genannt. Auch das erste Erdbeerbeet legten wir zwischen Haus und Teich an.
Dann kam der Winter. Nach der Ernte begann es früh zu schneien. Die ersten Schneeflocken fielen auf die Äcker, auf denen Bauern noch mit dem Ausgraben der Kartoffeln beschäftigt waren. Aber der Schnee blieb noch nicht liegen.
Dieser Sommer war für uns so vollgepackt mit Arbeit gewesen, daß wir keine Zeit gefunden hatten, uns noch um den nötigen

Holzvorrat für den Winter zu kümmern. So hatte uns mein Schwiegervater von seinen Vorräten abgegeben: hartes, hitzeerzeugendes Wurzelholz. Er ersteigerte jedes Jahr wie alle Dorfbewohner von der Forstverwaltung zu einem geringen Preis eine Anzahl großer Wurzelstöcke gefällter Bäume. Das Ausgraben wie auch das Zersägen und Zerspalten dieses Holzes, das weitaus härter und ergiebiger war als das des übrigen Baumes, war eine mühselige Angelegenheit. In den nächsten Jahren gruben Vater und Sohn ihren Holzvorrat gemeinsam aus. Schon im Sommer wurde das zerkleinerte Holz aufgestapelt, damit es bis zum Beginn des Winters trocknen konnte. Draußen gefror die Erde. Sie zu bearbeiten, wurde unmöglich. Jetzt konnte mein Mann mit dem Ausbau der Dachräume beginnen. Ich half ihm dabei, so gut ich konnte.

Ohne Strom auszukommen, war übrigens gar nicht so schwierig. Wir kochten auf einem Holz- und Kohleherd, wuschen die Wäsche, wie damals allgemein üblich, mit der Hand und bügelten mit einem hohen eisernen Bügeleisen uralter Herkunft, das innen hohl war. In diese Höhlung steckte man einen eisernen Kern, den man zuvor in der Ofenglut erhitzt hatte. Unsere Nähmaschine wurde mit den Füßen betrieben. Kühlschränke der heutigen Art kannte man noch nicht. Die wärmeempfindlichen Lebensmittel wurden in der kühlen Speisekammer aufbewahrt oder im Keller gelagert.

Auch unsere Wärme war vom elektrischen Strom unabhängig: Der große Kachelofen zwischen Kochecke und Wohnküche erwärmte diesen größten Raum des Hauses. Alle übrigen Räume blieben unbeheizt. Wir waren nicht verwöhnt. Für heutige Verhältnisse waren wir sogar ganz schön abgehärtet. Ich kann mich an keine ernstere Erkältung erinnern. An ganz kalten Tagen legten wir uns einen erhitzten Ziegelstein ins Bett. Auf dem Klo im Schuppen froren wir manchmal fast an. Dann beeilten wir uns ganz von selbst, schnell wieder in die Wärme zurückzukehren. Die Fensterritzen wurden mit Werg zugestopft.

In Ostböhmen sind die Winter viel kälter als hier bei uns in Westdeutschland. Dort herrscht schon Kontinentalklima.

Nicht selten schneit es schon im Oktober, sinkt das Thermometer während der drei kältesten Monate auf fünfundzwanzig, ja dreißig Grad unter Null. Wenn der »Polacke« aus Osten wehte, verkrochen sich alle Adlergebirgler in ihre Häuser. Die Schneestürme waren gefürchtet.
Eines Morgens, nach einem heftigen nächtlichen Schneesturm, blieb es in unserer sonst so hellen Wohnküche dunkel. Vor den Fenstern hatte sich eine riesige Schneewehe aufgetürmt. Wir liefen hinaus und wateten durch den Schnee zur Giebelseite. Was wir da zu sehen bekamen, war wirklich zum Staunen: Die Wehe reichte bis hinauf zum ersten Stock! Vermummt bis auf Augen und Nase hatten wir eine ganze Weile zu schaufeln, bis unsere Fenster wieder frei waren.
Aber er konnte auch schön sein, der böhmische Winter: das abendliche Dorf im Neuschnee, die erleuchteten Fenster unter den schwerbeladenen Dächern, das helle Gebimmel der Glöckchen an den Pferdeschlitten, die auf der Landstraße vorüberzogen, die weißen Wälder, die Eisblumen an den Fensterscheiben und die ganze Pracht einer im Rauhreif glitzernden Landschaft. Hatte es frisch geschneit, konnten wir nur auf Skiern ins Dorf gelangen. Auch die Landstraße war dann unpassierbar und mußte erst mit Schneepflügen wieder freigeräumt werden. Meterhohe Schneewälle türmten sich dann rechts und links von ihr auf. Es kam sogar vor, daß die Bahnlinie Lichtenau-Wichstadtl durch Schneewehen unterbrochen wurde. An solchen Tagen war unser Dorf wie abgeschnitten von der Welt.
Im Januar und Februar kamen sechs bis acht Männer aus dem Dorf zum Teich, eingemummt in dicke Jacken, Mützen mit Ohrenklappen und unförmige Handschuhe: die Eismänner. Sie waren von den beiden Fleischern des Dorfes angeheuert worden. Jahr für Jahr kamen sie, hackten große, mindestens zwanzig Zentimeter dicke Platten aus der Eisdecke des Teiches, zogen sie mühselig mit Pferden auf den Damm, stellten sie dort auf und lehnten sie aneinander. Hier blieben die Blöcke bis zum Ende des Winters stehen. Bevor es anfing zu tauen, wurden sie auf Schlitten zu den beiden Fleischereien des Dorfes transportiert und in deren Kellern zu Kühlzwecken gelagert.

Dieses System ersetzte früher allgemein die heutigen Kühlhäuser.
Die Eismänner taten uns oft leid, wenn wir sie da in der bittersten Kälte sich abmühen sahen. Es waren alles arme Leute, sie waren auf das bißchen Verdienst angewiesen. Manchmal holten wir sie für eine Weile zu uns in unsere warme Wohnküche, damit sie sich aufwärmen konnten, und ich kochte ihnen einen Malzkaffee. Bohnenkaffee konnten wir uns selbst nicht leisten, und alle anderen Arten von Genußmitteln lehnten wir sowieso ab.
Manchmal wurde es aber auch so kalt, daß sogar die Eismänner ihre Arbeit abbrechen mußten – vor allem, wenn zur Kälte auch noch der Sturm kam, denn dann bestand die Gefahr, daß man sich Finger oder Zehen erfror. An der harmloseren Variante der Erfrierung, der Frostbeule, litten sehr viele Adlergebirgler.
Den ganzen Winter über nähte ich voller Vorfreude an der Säuglingsausstattung. Ich stellte mir das Kleine vor, ich träumte von ihm, ich bedachte es in meinen Gedanken schon mit zärtlichen Namen. Ich lauschte in mich hinein: Wann würde es sich rühren? Wann würde ich seine erste Bewegung spüren?
Aber ich spürte nichts. Kein Anzeichen, daß es lebte. Ich wurde unruhig. Nach unserer Berechnung mußte ich schon im sechsten Monat schwanger sein.
Wir fuhren in die Kreisstadt Grulich zu einem Arzt. Nach der Untersuchung sagte er: »Sie sind erst im dritten Monat.«
Aber das *konnte* nicht sein, das wußten wir genau. Wir waren bestürzt. Was war da in mir vorgegangen? War das Kind tot? Der Arzt glaubte unseren Beteuerungen nicht.
»Legen Sie sich ein paar Tage hin und ruhen Sie sich aus«, sagte er.
Deprimiert und voller Angst kehrten wir heim. Ich legte mich hin. Zwei oder drei Tage später hatte ich eine Fehlgeburt. Das Kind hatte wohl schon lange nicht mehr gelebt. Ich hatte in Lebensgefahr geschwebt, ohne es zu ahnen.
Ich war untröstlich. Was für eine Enttäuschung! Was hatte ich

falsch gemacht? Hätte ich mich mehr schonen sollen? Unter Tränen packte ich die Säuglingssachen weg. Mein Mann versuchte mich immer wieder zu trösten, aber er hätte ja selber Trost gebraucht. Wir hatten uns beide so sehr auf das Kind gefreut.

Gegen die Trauer half nur Arbeit. Wir konzentrierten uns jetzt auf den Ausbau der beiden südlichen Zimmer im Oberstock. Mein Mann baute offene Wandschränke und Regale in die Dachschrägen ein. Um die Kosten für Schranktüren zu sparen, nähte ich statt dessen Vorhänge aus alten Decken. Inzwischen fanden sich aus der weitverzweigten Verwandtschaft meines Mannes auch ein paar gebrauchte Möbel ein. Unser Haus begann wohnlicher zu werden.

Kaum war die Erde aufgetaut, wurde die Lichtleitung gelegt. Wir mußten zwanzig Masten zwischen dem kleinen, kümmerlichen Elektrizitätswerk am Dorfrand und unserem Haus aufstellen lassen. Die Leitung lief über einen Hügel und überquerte die Landstraße. Jeder einzelne Grundstücksbesitzer mußte uns zur Errichtung der Masten seine Einwilligung geben. Manche dieser Bittgänge waren recht unangenehm. Aber schließlich hatten wir alle Unterschriften beisammen, und es konnte losgehen. Mein Mann half beim Legen der Leitung mit, um die Arbeitskosten zu verringern.

Endlich hatten wir elektrischen Strom auf der Rosinkawiese. Es war überwältigend: Die Wasserpumpe sprang von allein an und pumpte unermüdlich, die Räume erschienen uns jetzt strahlend hell, nachdem wir nur den fahlen Schein der Petroleumlampe gewohnt waren. Dabei war unsere Stromversorgung beileibe nicht nur eine Quelle der Freude und Bequemlichkeit. Alle die Jahre, die wir auf der Rosinkawiese verlebten, gab sie uns viel Grund zu Ärgernissen. Führte die Stille Adler nicht genug Wasser, wurde der Strom so schwach, daß man bei Lampenlicht kaum lesen konnte, oder er versiegte ganz. Wenn wir abends am Tisch saßen und lasen, schrieben oder nähten, begann der Lichtschein über uns nicht selten immer düsterer zu werden, und in der Birne flackerte es. Da wußten wir schon Bescheid und liefen nach Streichhölzern. Den Rest des Abends

verbrachten wir dann meist im Licht der Petroleumlampe oder entschlossen uns, gleich zu Bett zu gehen.
Endlich, endlich wurden die Tage länger. Wie freuten wir uns, als es morgens schon hell war, bevor wir aufstanden! Wie sehnten wir die hellen Abende herbei! Wir hatten den Winter satt – die Kälte, die Dunkelheit, das Eingesperrtsein. Wie Maulwürfe krochen wir an den ersten schönen Frühlingstagen ans Licht, sahen mit Genugtuung den letzten Schnee zerrinnen und schnupperten in die warme Brise.
Das soll genug sein für heute. Wir wollen noch einen kleinen Spaziergang machen. Wir: das sind meine älteste Tochter Gudrun und ihr achtjähriger Sohn Martin, die nur ein paar Schritte entfernt von meinem Haus wohnen. Aber das wirst Du ja vielleicht schon von Deiner Großmutter erfahren haben, die mich, wie Du sicher weißt, öfters hier besucht hat. Hättest Du übrigens nicht Lust, sie das nächste Mal hierher zu begleiten?

Deine Tante Elfriede

7

Hartershausen, den 20. März 1979

Lieber Michael,

diesmal hat es etwas länger gedauert, bis ich den nächsten Brief beginnen konnte: Wir haben das letzte Wochenende nicht daheim verbracht. Vorgestern abend kamen wir erst zurück, und da war natürlich einige Arbeit liegengeblieben, die ich gestern erst erledigen mußte.

Wir haben schon vor ein paar Jahren einen schönen alten Bauernhof im Spessart entdeckt, der ganz einsam in einem waldumsäumten Wiesental liegt. Dort verleben wir manches Wochenende. Wir fühlen uns auf diesem Hof nie wie zahlende Gäste, sondern wie gern gesehene Freunde. Es gibt keine Zentralheizung im Haus, und man ißt mit den Bauersleuten am gleichen Tisch. Gemüse und Obst kommen aus dem Hausgarten, Kartoffeln und Mehl stammen vom eigenen Feld, Milch, Fleisch und Eier sind auch vom Hof. Man weiß also, was man ißt. Unter dem Kochherd in der Wohnstube wuseln Entenküken in einem Karton herum, eine Katze schnurrt auf dem Sofa, Hunde legen dem Hausherrn ihre Schnauze aufs Knie. Rund um den Hof weiden die Kühe, Hühner gackern, es riecht nach Schweinestall. Die Wiese wuchert fast bis ins Haus, ein Stück weiter unten schlängelt sich der Bach vorbei. Und wohin man auch schaut, ist kein anderes Haus zu sehen.

Ein klein wenig erinnert diese Atmosphäre an die Rosinkawiese. Wir sind gern dort.

Aber nun zu Deinem Brief, den Du sofort nach Erhalt meines letzten Briefes geschrieben haben mußt. Ich erhielt ihn heute. Du äußerst Dich ausführlich zum Problem der überzüchteten Technik. Du willst nicht abhängig von ihr werden. Du willst nur solche Technik benutzen, die Du überschauen, also nach Möglichkeit selbst reparieren kannst. Außerdem strebst Du mehr Ursprünglichkeit, mehr Atmosphäre an. Dies ist es doch, was Du meinst, wenn Du schreibst: »Ich will keine Zentralheizung. Ich will das Feuer wieder flackern sehen.«

Das hat viel für sich. Auf unserem Spessarthof haben wir in einem kleinen Nebenhaus gewohnt. In seinem Wohnraum steht ein Kanonenofen. Man muß ihn selbst beheizen. Martin, mein achtjähriger Enkel, hat zum erstenmal in seinem Leben zugesehen, wie so ein Ofen angeheizt wird. Er war überwältigt. Er lag platt auf dem Bauch vor der Ofentür, und ich konnte ihn kaum davon abbringen, dauernd am Rost zu rütteln oder nachzulegen. Er lief in den Wald und sammelte dürres Holz, er versuchte es sogar zu zerkleinern und bestand darauf, am nächsten Morgen selber Feuer anmachen zu dürfen.

Das war etwas Lebendiges, das konnte er begreifen, das faszinierte ihn. Am liebsten wäre er dortgeblieben, nur um immerzu heizen zu können. Er fragte: »Warum schaffen wir uns daheim nicht auch so einen Feuerofen an?«

Natürlich macht ein solcher Ofen mehr Arbeit. Er macht Schmutz, hat seine Launen, braucht ständig Zuwendung und ist ganz einfach unbequem. In all dieser Nostalgieschwärmerei vergißt man das leicht. Das will ich Dir zu bedenken geben.

Aber nun zurück zur Rosinkawiese.

Es gab ja so viel zu tun! Jetzt widmete sich mein Mann vor allem der Düngung. Komposthaufen wurden nach allen Regeln landwirtschaftlicher Kunst angelegt. Jeder Pferdeapfel, der im Umkreis der Rosinkawiese fiel, wurde eingesammelt, jeder Kuhfladen wurde zusammengekratzt und heimgekarrt. Der Inhalt unserer Klotonne, reichlich vermengt mit Torfmull, sowie alle Küchen- und Gartenabfälle, vor allem das Unkraut, kamen ebenfalls dazu. Aber was war das schon für einen so großen Garten?

Da kam eines Tages ein alter Tscheche zu uns herausgeschlurft. Er lebte in einer Hütte im Dorf, ein Faktotum, ein Eigenbrötler, der sich, unbekümmert um das Gespött der Dörfler, eine eigene Philosophie zurechtgelegt hatte. Seine Armut war unbeschreiblich. Er lief in Lumpen. Da ihm irgendwann einmal seine Zehen abgefroren waren, trug er keine Schuhe, sondern wickelte sich sommers wie winters alte Lappen um die Füße. Er suchte für

die Bauern Holz im Wald und Mist auf den Wegen und karrte ihnen beides auf seiner Schubkarre zu. Dafür wurde er von ihnen durchgefüttert. So kam er also zu uns heraus und bot uns an, Mist für uns zu sammeln, eine Krone die Schubkarre. Der arme Teufel – wie er stank! Wie ein Waldschrat sah er aus. Für heutige Verhältnisse überhaupt unvorstellbar. Am liebsten hätten wir ihn eingekleidet und verköstigt ohne eine Gegenleistung, aber wir hatten ja selber Existenzschwierigkeiten. An seinem Mist lag uns jedoch sehr viel. So gingen wir auf sein Angebot ein. Tag für Tag karrte der Alte nun ein paar Fuhren Pferdeäpfel heran und unterhielt uns, während er ablud, jedesmal mit seinen kuriosen philosophischen Betrachtungen.
»Der Mensch braucht etwas, das ihn wichtig macht«, pflegte er immer wieder zu erklären. »Die Wichtigkeit bläst ihm erst Leben ein und läßt ihn aufrecht gehen. Bei diesem ist es der Besitz, bei jenem der Beruf, bei den Generälen die Macht, bei den Kranken die Krankheit, die wichtig macht. Der eine wird von einem Schatz geliebt, der andere von seinen unmündigen Kindern gebraucht. Und die Betschwestern machen sich wichtig vor ihrem lieben Gott. Sobald sich einer nicht auf irgendeine Weise wichtig vorkommt, fällt er zusammen wie eine Kasperlefigur, aus der der Spieler die Hand herausnimmt. Dann geht er ins Wasser oder hängt sich auf.«
«Und du?« fragte mein Mann.
»Ich?« fragte er erstaunt zurück. »Der Mist! Was wäret ihr ohne meinen Mist?«
»Damit hast du vollkommen recht«, sagte mein Mann, und er meinte es auch. Und so ergänzten wir uns für die nächsten Jahre auf eine glückliche Weise: Er brauchte Geld und Zuhörer, wir brauchten den Mist.
Im April und Mai, als das Unkraut die Gemüse- und Blumenpflänzchen überwucherte und wir Tag für Tag jäteten und Korb um Korb voll Unkraut auf die Komposthaufen kippten, nahm deren Umfang rasch zu. Aber erst der Stallmist deckte einigermaßen unseren Bedarf an Dünger.
Zu diesem Zeitpunkt jedoch besaßen wir noch keinen Stall. Aber schon waren wir mit Feuereifer daran, den Plan des An-

baus zu entwerfen, das Material für ihn heranzuschaffen, das Gelände für ihn zu ebnen. Und dann ging es los: die zweite Etappe des Hausbaus. Der Anbau kam an die Ostwand des Wohnhauses. Eine Verbindungstür führte aus dem Schuppen in den Anbau. Das neue Gebäude war aus Holz und wurde mit Dachpappe gedeckt, die öfters geteert werden mußte. Es enthielt einen Hühnerstall mit großen Fenstern.
Über diese Fenster schüttelten die Wichstädter – die Bauern, die über den Weg nördlich an unserem Haus vorbei auf ihre Felder fuhren, und die sonntäglichen Spaziergänger – die Köpfe: Licht für Hühner? Die Wichstädter Hühnerställe waren dunkel. Das gehörte sich so, das war schon immer so gewesen. Noch mehr wunderten sie sich über den Tiefstall, der Platz für mehrere Ziegen oder eine Kuh bot. Dieser Stall war nach den damals neuesten Erkenntnissen der landwirtschaftlichen Forschungen gebaut. Sein Boden lag sechzig Zentimeter tiefer als der gestampfte Lehmboden des übrigen Gebäudes. Der Mist blieb im Stall und wurde oft mit frischem Stroh überstreut. Von den Ziegen, die frei im Stall umherliefen, wurde er festgestampft. Diese wachsende Mistschicht gab im Winter erhöhte Wärme ab. Nur etwa jedes halbe Jahr wurde der Stall ausgemistet.
»Unfug, diese Neuerungen«, sagten die Bauern.
Über den Ställen und einem Aufbewahrungsverschlag für Gartengeräte lag der Heuboden, der das Heu unserer Wiese aufnehmen sollte. Er war sehr geräumig und hatte nach Osten eine Tür. Das Heu wurde unter diese Tür gefahren und mit einer Heugabel vom Wagen aus durch die Tür auf den Heuboden gereicht, wo jemand es in Empfang nahm.
Nach Süden zu sprang das Dach des Anbaus vor und bildete, auf Holzsäulen gestützt, einen überdachten Vorplatz, den wir schon für unsere zukünftigen Kinder geplant hatten. Hier würde der Kinderwagen geschützt stehen können, hier konnten die Kinder auch bei Regenwetter spielen, hier konnte man in der Sommerhitze den Schatten genießen. Ein ganz kleines bißchen Luxus. Aber auch Nutzwert: An der Wand sollte das kleingesägte und gespaltene Brennholz hochgestapelt werden.

Hier konnte es, geschützt vor der Witterung, langsam trocknen, von hier konnte man es bei Regen und Schnee trockenen Fußes ins Haus holen.
Es war ein großer Augenblick, als wir die erste Jungziege in den Stall führten. Jetzt trugen wir die Verantwortung für ein lebendiges Wesen, für sein Wohlergehen.
Die Ziege wurde jeden Tag draußen angepflockt und konnte von morgens bis abends grasen. Hatte sie ihren Bereich abgefressen, wurde sie ein Stück daneben festgebunden. Es gab ja so viele Raine und kleine Wiesenstreifen, auf denen sich das Abmähen nicht lohnte oder wo es nicht möglich war, weil das Gras zwischen Steinen emporwuchs. Das alles fraß unsere Ziege. Das Tier gedieh, es fühlte sich wohl.
Aber die Wichstädter, die vorüberkamen, schüttelten wieder die Köpfe: Eine Ziege, die sich selber ihr Futter suchte? Was für eine verrückte Idee! Im Adlergebirge blieben die Kühe und Ziegen nämlich auch während des Sommers im Stall – trotz der herrlichen Bergwiesen – und bekamen das Grünfutter vorgeworfen.
In diesem Jahr brauchten wir den zweiten Schnitt unserer Wiese selbst. Mit dem spärlichen Grummet, der zweiten Heuernte, kam unsere vorläufig einzige Ziege bis zur nächsten Heuernte aus.
Wie liebte ich die Zeit der Heumahd! Vielleicht auch in lieber Erinnerung an Veckenstedt. Alles duftete nach Heu, man selbst duftete danach. Allerdings enthielt die Zeit auch etwas Wehmut: Jetzt war es aus mit den bunten Wiesen und den Feldblumensträußen.
In der Heumahd stand mein Mann jeden Morgen noch vor Sonnenaufgang auf und mähte mit der Sense drei oder vier Stunden nacheinander – so lange, bis die Sonne den Tau getrocknet hatte. Ab und zu hielt er inne und wetzte die Sense: ein Geräusch, dem ich noch heute gern lausche. Aber man hört es kaum noch. Wer mäht denn noch mit der Sense?
Gretel und ich wendeten das Heu. Sobald es trocken war, fuhren wir es auf unserem Handwagen ein und brachten es auf unseren neuen Heuboden.

Wieder hatten wir Gemüse gesät und gepflanzt und nun auch Kartoffeln gesteckt. Ich hatte dabei gelernt, wie man Saatkartoffeln fachgerecht zerschneidet, entsprechend ihren Keimansätzen. Da mußte gehackt und gehäufelt werden, und stolz betrachteten wir die grünen Reihen, die Woche um Woche üppiger wurden. Wir hatten so viele Kartoffeln angebaut, daß der Vorrat, sofern es eine durchschnittliche Ernte gab, bis zur nächsten Ernte reichen würde. Ein Kellerraum für Kartoffeln und Gemüse lag zwischen Kohlenkeller und Waschküche. Zu unserer Freude setzten auch die Erdbeeren gut an. Also vergrößerten wir unser Erdbeerbeet um ein paar Reihen junger Pflanzen.
Zwischen dem Haus und dem Feldweg, der an der Nordgrenze unseres Grundstücks vorüberführte, setzte mein Mann eine lange Reihe kanadischer Pappeln. Er bezog sie sehr billig aus der Gartenbauschule in Lindau, die er ja von seiner Ausbildung her kannte. Es waren nur Stecklinge, Ruten von etwa vierzig bis fünfzig Zentimetern Höhe, die einfach in die Erde gesteckt wurden und dann Wurzeln schlugen. Diese Pappeln sollten später einmal die Grenze unseres Grundstücks markieren und gleichzeitig die rauhen Nordwinde auffangen. Pappeln sind schnellwüchsige Bäume. Sie schossen jedes Jahr um ein mächtiges Stück in die Höhe. Unser Nachbar war von ihnen allerdings nicht sehr begeistert, denn als sie größer wurden, warfen sie nicht nur lange Schatten auf seine Wiese, sondern ihre Wurzeln drangen auch unter dem Weg hindurch bis in sein Land vor.
Im Herbst teilten wir die westliche Hälfte unseres Grundstücks in drei Streifen auf, die aus Gemüsebeeten bestanden. Die Streifen sollten jeweils durch Obstbaumreihen voneinander abgegrenzt werden. Wir pflanzten also die ersten Obstbäumchen, vor allem Äpfel und Pflaumen. Sogar Aprikosen waren darunter. Du lieber Gott, was machten wir uns für Illusionen: Aprikosen in diesem rauhen Klima!
Mein Schwiegervater kam oft zu uns heraus, begutachtete unseren Garten und gab uns Ratschläge. Er wollte uns dazu bewegen, eine Gärtnerei aufzuziehen, um mit dem Verkauf von Topfpflanzen, Gemüsesetzlingen, Blumenpflänzchen, Schnitt-

blumen und dergleichen zu dem nötigen Geld zu kommen. »So, wie ihr das jetzt macht, könnt ihr doch nicht existieren«, klagte er immer wieder.

»Aber siehst du denn nicht«, wehrten wir uns, »daß in diesem Jahr unsere Karotten und Kohlrabi schon viel dicker als im vergangenen Sommer sind? Der Mohn steht auch besser, und wir konnten wochenlang von unserem eigenen Salat, unseren Erbsen, unseren Bohnen, unseren Radieschen essen. Ist das nichts? In diesem Herbst werden wir auch schon eigene Kartoffeln ernten, und es wird nicht lange dauern, da werden wir weder Milch noch Eier mehr zu kaufen brauchen. Es wird doch von Jahr zu Jahr besser! Bald werden wir ganz und gar unabhängig sein und von dem leben können, was auf der Rosinkawiese entsteht.«

»Und wovon wollt ihr Samen, Geräte, Kleidung, Stromrechnungen, Arztkosten, Medikamente und dergleichen bezahlen?« fragte er zurück. »Das bißchen Geld, das ihr von Saarbrücken bekommt, ist doch nicht mehr als ein Taschengeld.«

Aber wir wehrten uns gegen seine Bemühungen, unsere Rosinkawiese zu einer Gärtnerei zu machen. Wir wollten keine Gärtnerei, sondern eine Selbstversorgersiedlung. Außerdem war Wichstadtl zu klein, um einer Gärtnerei eine ausreichende Existenzmöglichkeit zu bieten. Und für so einen Betrieb wären wir beide auch nicht geschäftstüchtig genug gewesen.

So viel für heute. Die beiden Aufnahmen, die ich einlege, zeigen den Stallanbau sowie die ersten bescheidenen Gemüse- und Blumenbeete neben dem Haus.

Du kannst Deinen Eltern meine Briefe ruhig zu lesen geben. Ich habe nichts dagegen. Sicher hat Deine Mutter noch vage Kindheitserinnerungen an die Rosinkawiese. Wenn sie mit Deinen Großeltern zu uns kam, war sie vom Teich kaum wegzukriegen. Sie kauerte im Uferschlamm, baute Dämme und Teiche und fing Kaulquappen oder junge Frösche.

Bis zum nächsten Brief herzliche Grüße!

Deine Tante Elfriede

8

Hartershausen, den 24. März 1979

Lieber Michael,

der böhmische Winter war wieder streng geworden, er wehte uns fast zu. Wir waren froh, im Herbst so einen reichlichen Vorrat an Brennholz unter dem vorspringenden Dach des Anbaus aufgeschichtet zu haben. Jetzt ließen wir an den kältesten Tagen auch die Tür zwischen Wohnküche und Schlafzimmer offenstehen. Meine Schwiegermutter konnte uns den ganzen Winter über nicht besuchen. Was sie uns an guten Sachen zukommen lassen wollte, mußten wir selber abholen.
Mein Mann besaß noch Skier aus seiner Jugendzeit. Auf dem Dachboden seiner Eltern trieb er auch ein Paar für mich auf. An manchem Morgen, wenn die Bäume der Landstraße und die Bauernwäldchen in herrlichstem Rauhreif standen, fuhren wir hinaus und genossen den Anblick der verzauberten Landschaft. Was wir im Dorf einkaufen mußten, zogen wir auf dem Schlitten hinter uns her. Und den ganzen Winter lang freuten wir uns wieder an dem hellen Gebimmel der Schlittenglocken, das von der Landstraße zu uns herüberklang.
Abends saßen wir – mein Mann, Gretel und ich – um den Tisch, innerhalb des Lichtkreises unserer Lampe. Einer von uns las vor, während die beiden anderen häkelten, strickten, nähten oder werkten. Da wurden Hosenflicken aufgesetzt und Strümpfe gestopft, ja sogar Schuhe repariert und Körbe geflochten. Die Fertigkeit des Korbflechtens hatte mein Mann in der Gartenbauschule erlernt. Weidenzweige fanden wir rund um unseren Teich und am Ufer der Adler genug. Wir konnten für die Gartenarbeit eine Menge Körbe gebrauchen.
Zum Frühjahr hin gerieten wir in arge finanzielle Bedrängnis. Es mußte dies und das angeschafft werden. Vor allem brauch-

ten wir Samen. Wir *mußten* sie bestellen, auch wenn wir noch keine Ahnung hatten, wovon wir sie bezahlen sollten. Es wurde höchste Zeit, wir konnten den günstigsten Termin für die Einsaat nicht verstreichen lassen.
Müßten wir wieder meinen Schwiegervater um Geld bitten? Er verweigerte uns die Hilfe nie. Er gab uns, was wir erbaten, als Vorauszahlungen auf den späteren kleinen Erbschaftsanteil. Aber wie bitter wurden uns die Gänge zu ihm! Wie verzweifelt suchten wir nach Möglichkeiten, ohne sie durchzukommen! Denn mit diesen Bittgängen mußten wir ja eingestehen, daß unsere Idee der Selbstversorgung zumindest vorläufig noch versagte, daß uns die Rosinkawiese noch nicht trug, daß er recht hatte mit seinem dringenden Rat, eine herkömmliche Existenz in Form eines normalen Geschäftsbetriebs aufzubauen.
Aber in jenem Frühjahr rettete uns in letzter Minute eine Hasenscheuche vor diesem demütigenden Bittgang. Mit der alten, vielfach geflickten ehemaligen Arbeitsjacke meines Mannes, die noch im vorhergehenden Herbst von ihm getragen worden war, hatte sie einen Winter lang in Sturm und Schnee gestanden. Ihre Aufgabe war es gewesen, die Hasen zu verscheuchen, die in der kältesten Zeit nahe an unser Haus kamen, um Bäumchen und Sträucher anzuknabbern. Aber inzwischen war Frühling geworden, die Scheuche hatte ihre Funktion erfüllt und war jetzt überflüssig.
»Ich räume sie schnell noch weg«, sagte mein Mann, bevor er zu seinem Vater gehen wollte.
Er nahm dem Holzgerüst die Jacke ab und sagte: »Da müßte jetzt ein Tausendkronenschein in der Tasche stecken. Dann wäre uns geholfen...«
Und nun geschah etwas völlig Unerwartetes: Als er lachend in die Innentasche der alten Jacke griff, stutzte er und zog die Hand verblüfft wieder heraus. Er hatte drei Geldscheine in den Fingern, drei Zehn-Kronen-Scheine! 30 Kronen, das war fast genau die Summe, die wir brauchten, um die Samenrechnung bezahlen zu können.
Sprachlos starrten wir uns an.
»Wie ist denn das möglich?« fragten wir uns. »Wie ist dieses

Geld in die Hasenscheuche geraten? Ausgerechnet in die Innentasche der alten Jacke?«
Schließlich dämmerte es uns: Im Oktober des letzten Jahres hatte mein Mann zur Gartenarbeit noch diese alte Jacke getragen. An einem der letzten Tage, an denen es noch möglich gewesen war, im Garten zu arbeiten, hatte er durch den Verkauf einiger Pflanzen und Stauden 30 Kronen eingenommen. Um danach weiterarbeiten zu können, hatte er wohl die Scheine einfach in die Innentasche seiner Jacke gesteckt, die er kurz darauf der Scheuche umhängte. Damals hatte er das Geld nicht mehr finden können, trotz intensiver Suche. In die Innentasche zu schauen, war ihm nicht in den Sinn gekommen. Der Verlust der Summe hatte uns im Herbst empfindlich getroffen. Jetzt waren die 30 Kronen wieder erschienen, gerade zur rechten Zeit.
In diesem Frühjahr kam bei uns das erste Zicklein zur Welt. Da es weiblich war, beschlossen wir, es aufzuziehen. Mein Mann molk die Mutterziege. Ich lernte auch melken.
Wir besorgten uns Bruteier und ließen eine junge Glucke brüten. Nun hatten wir selber Milch und bald auch Eier – ein weiterer Schritt hin zur Autarkie.
Mein Mann freute sich, daß fast alle Obstbäumchen angewachsen waren und, da er sie im Herbst reichlich mit Stroh umwickelt hatte, während des Winters keinen großen Schaden genommen hatten. Nur manche Zweige waren trotz der Hasenscheuche von den hungrigen Hasen angenagt worden. Auch die Setzlinge der kanadischen Pappeln schlugen kräftig aus. Sie hatten den Winter gut überstanden, sie wuchsen – *unsere* Bäume! In unseren Zukunftsträumen sahen wir die Pappeln schon Schatten werfen und die Obstbäume Früchte tragen!
Der Fruchtansatz der Erdbeeren verhieß uns eine gute Ernte. Wir begriffen: Den Erdbeeren war unser Klima nicht zu rauh, unser Boden nicht zu schlecht. Wir taten gut daran, unsere Erdbeeranlage noch zu vergrößern.
Auch ein Mistbeet mit Glasfenstern legte mein Mann in der Nähe des Hauses an. Darin sollten die frühen Gemüse- und Blumenpflanzen im kommenden Frühjahr Wärme, fruchtbare

Düngererde und Schutz vor der Witterung genießen. Schon in diesem Frühsommer zogen wir darin allerlei Anspruchsvolles. Die Glasscheiben für das Mistbeet waren für uns fast unerschwinglich gewesen. Wieder hatte der Großvater mitgeholfen. Wir hofften, daß sich diese Anlage, die bei unserer rauhen Witterung und den langen Wintern viele Vorteile bot, bald amortisieren würde.
Aber es kam anders.
An einem Junitag, kurz bevor die Erdbeerernte begann, bezog sich der Himmel dunkel von Osten her. Das beunruhigte uns nicht weiter. Es stand ein kleines Gewitter zu erwarten, wie es sich öfters über uns entlud.
Aber dieser Wolkenaufzug nahm bedrohliche Dimensionen an: Schwarzes Gewölk türmte sich aufeinander, nahm unheilverkündende Färbung an. Und ehe wir noch zur Besinnung kamen und irgendwelche Schutzmaßnahmen ergreifen konnten, brach ein Unwetter über uns herein, wie wir es noch nicht erlebt hatten. Hagelkörner, groß wie Kirschen, prasselten, gepeitscht von einem heftigen Sturm, auf unseren Garten, auf das Haus und die Wiesen nieder und bedeckten alles binnen weniger Minuten mit einer weißen, körnigen Schicht.
Untätig standen wir hinter den Fenstern im Haus und mußten ohnmächtig zuschauen, wie fast alles, was wir mühsam gesät und gepflanzt hatten, sinnlos zerschlagen wurde.
Ich weinte. Mein Mann legte seinen Arm um mich, aber es fielen ihm keine Worte ein, die mich hätten trösten können. Er hatte ja selber Mühe, diesen harten Schlag aufzufangen. Mit Geklirr zersprang das Küchenfenster, das auf der Gewitterseite lag. Ein Windstoß hatte es aufgerissen.
Als das Gewitter sich verzogen hatte und die weiße Schicht der Hagelkörner zerschmolzen war, kam die Sonne wieder heraus. Das Schmelzwasser versickerte. Wir wagten uns hinaus, gingen langsam durch den Garten. Unser Entsetzen wuchs mit jedem Schritt. Der Hagelschlag hatte noch viel, viel schlimmer gehaust, als wir befürchtet hatten. Die Glasfenster des Mistbeets waren zertrümmert, die Pflanzen darunter zerdrückt. Die Hagelkörner hatten die jungen Obstbäume ent-

laubt, die Zweige geknickt. Die Blumenrabatten rings um das Haus waren zusammengeschlagen. Aber der ärgste Schock stand uns noch bevor.
»Die Erdbeeren!« schrie ich.
Wir liefen zu den Beeten und beugten uns über die Stauden. Da waren nur noch abgeschlagene Früchte und zerfetzte Blätter zu sehen. Die ganze Erdbeerernte war vernichtet, auf die wir so viel Hoffnung gesetzt und für die wir schon Abnehmer gehabt hatten. Der Ertrag dieser Ernte hätte uns ein Stück weiterhelfen sollen.
So viel Arbeit, so viel Hoffnung umsonst!
Ich weiß nicht mehr, wie wir den Rest dieses Tages verbrachten. Wir versuchten wohl, uns gegenseitig aufzurichten. Noch am selben Abend holte mein Mann beim Schreiner, der sich plötzlich einem Berg von Aufträgen gegenübersah, eine Glasscheibe und setzte sie ins Küchenfenster ein. Die Scheiben des Mistbeets mußten warten. Dazu reichte unser Geld nicht mehr.
In dieser Nacht haben wir kaum geschlafen. So vieles mußte wieder begonnen werden. Wir grübelten. Wir überdachten die neue Lage und machten uns Sorgen. Nicht einmal auf Gemüse für unsere täglichen Mahlzeiten konnten wir in diesem Sommer noch hoffen.
Auch Wichstadtl hatte das Unwetter zu spüren bekommen. Der Garten meines Schwiegervaters hatte ebenfalls schwer gelitten. Trotzdem kam der alte Mann am nächsten Vormittag zu uns heraus. Der Weg führte ihn an den zusammengeschlagenen Feldern unserer Nachbarn vorüber. Er brauchte sich unsere Beete, unsere Bäumchen nicht erst anzusehen. Er wußte Bescheid, als er unsere Gesichter sah.
Da legte er ein Bündel Geldnoten auf den Tisch: 1000 Kronen! Zuerst begriffen wir nicht, was das bedeutete.
»Statt einer Versicherung«, sagte er.
Ja, so konnte er sein. Dabei fiel ihm dieses Geschenk selber nicht leicht, denn er lebte ja nur von seiner Lehrerpension, die nicht hoch war. Aber er war ein sparsamer Mann und hatte noch ein paar Nebeneinnahmen durch seine Imkerei.

Wir waren ihm so dankbar! Nun konnten wir wenigstens wieder die Scheiben der Mistbeetfenster verglasen lassen und neue Obstbäume kaufen, soweit sie nicht mehr zu retten waren, und den Verlust der Erdbeerernte einigermaßen auffangen. Nein, wir brauchten nicht zu verhungern, und manches von dem Gemüse erholte sich.
Nach und nach fanden wir unsere gute Laune, unsere Zuversicht wieder. Die Natur hatte sich uns mit dem Unwetter einmal von ihrer anderen, ihrer bedrohlichen Seite gezeigt. Wir mußten sie so und so annehmen. Sie ließ sich nicht zügeln.
Wir lernten.
Wohl in kaum einem anderen Beruf als in dem des Gärtners oder Landwirts ist man den Launen der Natur so bedingungslos ausgeliefert. Daran hat bisher auch die Technik nicht viel ändern können. Auch darüber solltest Du Dir klar sein.

Deine Tante Elfriede

9

Hartershausen, den 27. März 1979

Lieber Michael,

ich danke Dir für Deine Grüße und die Versicherung, daß Du meinen Bericht mit größtem Interesse liest und jede Fortsetzung mit Spannung erwartest. Das ist ja immerhin schon etwas Erfreuliches: daß Dich meine Briefe nicht langweilen.
Nach dem Schrecken und Schaden, den uns der Frühsommer zugefügt hatte, brachte uns der Spätsommer eine große Freude: Seit dem Juli war ich wieder schwanger. Wir wagten uns kaum zu freuen, denn wir wußten ja noch nicht sicher, ob es diesmal gutgehen würde. Aber Monat um Monat verging, der Herbst kam, der Winter näherte sich, und alles verlief normal. Ich spürte die Bewegungen des Kindes, mein Leib nahm an Umfang zu. Mein Mann umsorgte mich, Gretel nahm mir alle schwere Arbeit ab. Ich kramte die Säuglingssachen wieder heraus und nähte, häkelte, strickte daran weiter. Meine Hoffnung wuchs. Manchmal las mir mein Mann seine Manuskripte vor, und wir sprachen sie gemeinsam durch und verbesserten sie. Er hatte begonnen, kleine Erzählungen und Essays für Jahreskalender und Zeitschriften zu schreiben. Sie machten ihm Freude, aber brachten nicht viel ein.
Nachdem ich sicher war, daß das Kind in mir lebte, erfüllte mich eine große Ruhe. Ich sah der Entbindung gelassen entgegen und freute mich ungehemmt. Endlich, endlich sollte es auch Kindergeschrei und Kinderlachen auf der Rosinkawiese geben, sollte unsere Sehnsucht erfüllt werden, die nächste Generation auf unserem Land aufwachsen zu sehen, denn letzten Endes galten doch alle unsere Bemühungen *ihr*.
Wir lasen viel zusammen, ebenso wie während der vorangegangenen Winter. In der kleinen Dorfbücherei fanden wir Knut Hamsuns *»Segen der Erde«*. Wir lasen uns dieses Buch gegen-

seitig vor. Es berührte uns tief, denn auch wir empfanden den Segen der Erde in der Art, wie Hamsun ihn in dieser Lebensgeschichte eines norwegischen Siedlers schilderte.
An solchen Winterabenden fühlten wir uns in der Kachelofenwärme geborgen, im Lichtkreis der Lampe, während draußen der Schneesturm heulte und die Flocken wirbelten und die Balken unseres Hauses ab und zu leise knackten.
An den weniger kalten Tagen arbeitete mein Mann weiter am Ausbau des Obergeschosses. Jetzt kam die »Westkammer« an die Reihe, danach das kleine Nordzimmer. Er stellte einen Kanonenofen, der bei meinem Schwiegervater auf dem Dachboden gestanden hatte, in den größten Raum dieses Stockwerks. Hier sollte ich mich während und nach der Geburt des Kindes aufhalten.
Im März wurde uns ein Mädchen geboren. Wir nannten es Gudrun. Die Geburt war normal verlaufen. Es war ein gesundes, kräftiges Kind. Wir waren ganz närrisch vor Freude.
Die Entbindung fand in unserem Haus statt. Damals war es noch nicht üblich, in einem Krankenhaus zu entbinden. Als die Wehen einsetzten, holte mein Mann die Dorfhebamme, die »Güntnern«, wie sie in Wichstadtl und den Nachbardörfern genannt wurde. Zu ihren Wöchnerinnenbesuchen fuhr sie auf einem Motorrad. Eine Frau auf einem Motorrad! Unerhört in den damaligen Zeiten! Aber diese Extravaganz konnte sie sich leisten, denn sie war als kundige und zuverlässige Hebamme bekannt. Sie verfügte über vielfältige Erfahrung, und man konnte sich ihr während der Entbindung ganz anvertrauen. Noch eine gute Woche danach kam sie täglich zu uns heraus und versorgte mich und das Kind. Lag zu viel Schnee für eine Fahrt auf dem Motorrad, so ließ sie es daheim und schnallte sich statt dessen Skier an.
Meine Einstellung zu einer Entbindung in der eigenen Wohnung hat sich bisher nicht geändert. Ich finde sie immer noch ideal, sofern keine Komplikation zu erwarten ist. Die ganze Familie nimmt an dem frohen Ereignis teil. Wie steril ist dagegen die heutige Entbindungsmethode im Krankenhaus, wie seelenlos und anonym! Ja, ich weiß, die heilige Hygiene. Aber

man kann ja auch das private Entbindungszimmer sauber halten, und sicher wird die Familie das Neugeborene nicht gleich behusten.

Die Anwesenheit meines Mannes während der Entbindung empfand ich immer als ungemein beruhigend. Er saß nur still neben mir. Manchmal, wenn sich die Schmerzen ihrem Höhepunkt näherten, hielt er meine Hand, sprach mir wohl auch zuweilen gut zu. Die Güntnern hatte nichts gegen sein Dabeisein einzuwenden: Viele Adlergebirgler hatten nur eine einzige heizbare Stube, in der sich das ganze Familienleben samt Geburt und Tod abspielte. So war sie es gewohnt, daß die Männer bei der Entbindung zugegen waren.

Unser Kind gedieh: Bei jedem Wetter stellten wir es täglich mindestens eine Stunde lang in dem Wäschekorb, der ihm als Bettchen diente, hinaus an die frische Luft, unter das vorspringende Dach des Stallgebäudes, wo es schlief oder zufrieden krähte. Fing es an zu weinen, holten wir es wieder herein.

Es war ein fruchtbares Frühjahr. Nun standen schon drei Ziegen im Stall, und eine ganze Hühnerschar scharrte im dichtumzäunten Auslauf. Die Arbeit häufte sich. Wir legten ein Rhabarberbeet an, da der Rhabarber in diesem Klima gut zu gedeihen schien. Wir versuchten es auch mit Tomaten und Blumenkohl. In den Monaten Mai und Juni hieß es immer nur jäten, jäten, jäten, wenn unsere Pflanzen nicht im Unkraut ersticken sollten. Da lagen Gretel und mein Mann fast von morgens bis abends auf den Knien und zupften das Unkraut aus den Beeten oder hackten es zwischen breiteren Reihen heraus, und ich half, wann immer ich konnte. Abends tat der Rücken weh. Erschöpft fielen wir ins Bett. Und wehe, wenn es ein paar Tage lang nicht regnete! Dann mußten wir Gießwasser schleppen. Wie sehr waren wir doch vom Wetter abhängig!

Im Juli säten wir Stiefmütterchen, Vergißmeinnicht, Maßliebchen. Daraus entstanden einige tausend Pflänzchen, die im Herbst pikiert werden mußten. Das heißt, wir zwickten die Enden der Wurzeln ab und setzten die jungen Pflanzen, damit sie sich kräftigten, in weiterem Abstand auseinander.

Diese ganze zeitraubende Prozedur war ein Zugeständnis an

meinen Schwiegervater. Nach seinem Willen sollten die Blumenpflanzen im kommenden Frühjahr als Friedhofspflanzen verkauft werden und Geld einbringen.
Einen großen Teil der pikierten Pflanzen sollten wir übrigens nicht durch den Winter bekommen. Sie erfroren oder erstickten unter der hohen Schneedecke. Aber dieser Verlust traf uns nicht so hart, wie uns so manche anderen Verluste getroffen hatten, weil wir uns gegen die kommerzielle Betätigung sträubten.
Die Rosinkawiese veränderte sich mit den Jahren sichtbar. Immer wieder entstand Neues. So auch ein Wäscheplatz zwischen dem Himbeergesträuch und der jungen Pappelreihe, nicht nur gedacht zum Trocknen der Wäsche an der Leine, sondern auch zum Bleichen auf dem sauberen, kurzgehaltenen Rasen.
Zwischen einem transportablen Klohäuschen – das noch vom Hausbau her neben dem Komposthaufen stand und von uns benutzt wurde, wenn wir draußen arbeiteten und mit den schmutzigen Schuhen das Haus nicht betreten wollten – und den Gemüsebeeten lag eine ursprünglich sumpfige Mulde. In ihr quakten zu bestimmten Jahreszeiten ganze Abende lang Frösche in Chören. Mein Mann vertiefte die Mulde, hob eine Grube aus, in der sich das Regen- und Schmelzwasser sammelte. Sie wurde unser Gießteich. Von nun an brauchten wir nicht mehr unsere Gießkanne an der Quelle des Nachbarn zu füllen. Wie viele Kannen haben wir leer in diesen kleinen Teich gesenkt und voll an die verschiedenen Beete geschleppt! Später mußten dabei auch die Kinder helfen. Jetzt aber war es noch unsere Arbeit.
An diesen Gießteich, kleiner als unsere damalige Wohnküche, denke ich nicht gern zurück. Er wäre später unserem zweiten Kind fast zum Verhängnis geworden. Das fast dreijährige Mädchen hatte auf der anderen Seite des Hauses im Sand gespielt, wo ich es sicher wähnte. Ich war für eine Weile ins Haus gegangen, um eine dringende Arbeit zu erledigen. Währenddessen lief es um das Haus herum zum Gießteich. Es spielte an seinem Rand und muß wohl dabei auf dem nassen Gras ausgerutscht sein. Kopfüber fiel es in den Tümpel, mit Mantel und

Mütze, denn es war ein kalter Tag. Es schrie, aber niemand hörte es. Zu diesem Zeitpunkt war niemand von uns im Garten. Der Teich war nicht tief, aber das Wasser stand doch höher, als daß das Kind hätte Grund finden können. Zudem bestand der Grund aus weichem Schlamm. Es klammerte sich an das Ufergras, aber das riß ab. Immer wieder griff es nach den nächststehenden Grasbüscheln und schrie nach mir, nach Gudrun, nach dem Vater, aber niemand hörte es.
Zufällig kam eine Frau aus dem Dorf gerade in diesem Augenblick an unserem Grundstück vorbei. Sie hörte das verzweifelte Geschrei, aber sie konnte niemanden sehen, und so lief sie dorthin, woher es kam. Als sie den Gießteich erreichte, erkannte sie den blonden Schopf im Wasser. Die ganze Oberfläche des Tümpels war bedeckt von abgerissenem Gras, das um das Kind herumschwamm. Sie zog das kleine Mädchen heraus und trug es zu uns ins Haus. Es spuckte Wasser, bekam eine arge Erkältung und hatte einen Schock. Schlimmeres war verhütet worden dank dem Zufall, der diese Wichstädter Frau vorübergeführt hatte. Seitdem begegnete ich dem Gießteich immer mit einem geheimen Groll. Manchmal taucht der Tümpel sogar noch jetzt in meinen Träumen auf: ein dunkles Viereck, umwuchert von Gras.
Aber noch war unser zweites Kind längst nicht geboren. An den Rand des Wäscheplatzes zimmerte mein Mann einen Holztisch mit zwei langen, einfachen Bänken aus Brettern auf Holzklötzen. Hier saßen wir an lauen Sommerabenden manchmal mit jungen Leuten aus dem Dorf zusammen. Sie waren Mitglieder des Turnvereins, ebenso wie mein Mann, der ihm schon seit seiner Jugend angehört hatte. Die Burschen und Mädchen kamen gern. Wir übten mit ihnen Kanons, zwei- und dreistimmige Lieder, Volkstänze und kleine Laienspiele ein – Versuche, deren Resultat bei festlichen Gelegenheiten auch dem Wichstädter Publikum präsentiert wurde.
In diesem Sommer mußte ich meine Arbeitskraft und meine Zeit zwischen Haushalt, Garten und Kind aufteilen. Das Kind durfte auf keinen Fall zu kurz kommen. An warmen Tagen, wenn wir draußen im Garten arbeiteten, legten wir es neben

uns auf eine Decke ins Gras und ließen es nackt in der Sonne strampeln.
Da hatten die Leute im Dorf wieder einmal Anlaß, sich über unsere Lebensweise zu entsetzen: Im Adlergebirge blieben Kinder unter einem Jahr im Haus. Frische Luft bekamen sie so gut wie nie.
»Was für ein Leichtsinn«, flüsterten sich die Wichstädter Frauen an den Klatsch-Ecken zu, »so ein kleines Kind der Witterung auszusetzen!«
Wir störten uns nicht daran.
Ich stillte das Kind, so lange ich konnte, dann stellte ich seine Ernährung allmählich auf Ziegenmilch um und fütterte Haferschleim und Karottensaft zu. Das Kind lernte den Kopf heben, sich vom Bauch auf den Rücken wälzen, kriechen, sitzen. Es bekam die ersten Zähne, und das kahle Köpfchen umflaumte sich weißblond.
Das ganze Jahr stand im Zeichen des Kindes. Ich legte ein Tagebuch für Gudrun an, beschrieb darin die Entwicklung des kleinen Mädchens, unsere Sorge, wenn es sich nicht wohlfühlte, unsere Freude an jedem kleinen Fortschritt. Ich notierte seine ersten Wortbildungen, heftete später seine ersten Malversuche ein.
Dieses Tagebuch – wie auch die Tagebücher meiner übrigen Kinder – habe ich retten können. Wenn sich die jüngeren Kinder auch kaum mehr an die Rosinkawiese erinnern können, so bleibt ihnen wenigstens in den Tagebüchern ein Zeugnis jener Zeit. Auch wenn es meistens nur jeweils ein paar Zeilen waren, die mein Mann oder ich hin und wieder eintrugen.
Ich lege Dir zwei Bilder aus dem ersten Lebensjahr unseres ältesten Kindes bei.

Deine Tante Elfriede

10

Hartershausen, den 28. März 1979

Lieber Michael,

es will nicht Frühling werden. Die Temperaturen unterscheiden sich noch kaum von denen des Winters. Das Wetter ist so unfreundlich, daß man am liebsten in seinen vier Wänden bleibt. Deshalb schreibe ich heute gleich weiter.
Im nächsten Frühjahr lernte Gudrun laufen.
Es wurde ein vielversprechendes Frühjahr. Ganze Beete voller Stiefmütterchen, Vergißmeinnicht und Maßliebchen blühten vor unserem Haus, und es kamen auch einige Leute, die Friedhofsblumen kauften, drei Stück eine Krone. Diese Verkaufsaktion brachte uns tatsächlich etwas Geld ein, aber wie gesagt: Uns mangelte es an Geschäftssinn. Wenn zum Beispiel die alte Jentschken zu uns herausgeschlurft kam, die davon lebte, daß sie morgens, mittags und abends die Kirchenglocken läutete und dafür ein geringes Entgelt bekam, verließ uns jede Freude an einem kleinen Gewinn. Da stand sie in ihren armseligen Kleidern vor uns, eine alte, gebückte Frau, und wollte ein paar Blumenpflanzen für die Gräber ihrer Toten kaufen. Wenn sie mit ängstlichem Blick fragte: »Was kost's?«, winkte mein Mann ab und ließ sie mit ihren Pflanzen und einem »Vergelt's Gott« ziehen. Sie war ja noch viel ärmer als wir.
Die Leute im Adlergebirge waren wirklich zum großen Teil bitterarm. Nur wenige Bauern konnten sich Pferde leisten. Die übrigen arbeiteten auf den Feldern mit Kuhgespannen. Es gab viele Tagelöhner und Heimarbeiterinnen, die sich für einen lächerlichen Lohn abplagten. Die Frauen und Mädchen verdarben sich ihre Augen beim Sticken von Uniformdekorationen und beim Herstellen von Zwirnsknöpfen. Ich glaube, vielen jungen Leuten Deiner Generation ist gar nicht bewußt, daß solche Armut, die man heute fast nur aus Entwicklungsländern

kennt, vor gar nicht langer Zeit auch bei uns geherrscht hat.

Inzwischen hatten sich die Erdbeeranlagen von den Folgen des Unwetters längst erholt. Neue Pflanzungen waren im letzten Sommer dazugekommen. Wir sparten nicht an Dung für die Erdbeer- und Gemüsebeete. Mein Mann arbeitete auch viel mit Gründüngung, säte Lupine, säte Senf, pflügte sie unter – auch das verhalf zu größerer Fruchtbarkeit dieses elenden Bodens. Aber es ging unendlich langsam vorwärts, viel zu langsam für unsere Ungeduld, unsere hochgeschraubten Erwartungen!

Ja, ich schrieb eben, er »pflügte«, denn wir besaßen jetzt auch einen Pflug. Das kam so: In einer Zeitschrift für Siedler war ein kleiner Gartenpflug vorgestellt und angepriesen worden. Er brauchte nicht von Pferden gezogen zu werden. Menschenkraft genügte. Es hieß, er ersetze das mühsame und zeitraubende Umgraben.

Wir kratzten das bißchen Geld zusammen, das wir durch die Friedhofspflanzen eingenommen hatten, kalkulierten, zögerten, kamen aber doch nicht los von dem Gedanken, ihn anzuschaffen. Eine Weile schoben wir die Entscheidung noch hinaus, aber dann bestellten wir ihn doch mit klopfendem Herzen. Würde er uns wirklich so viel Arbeitserleichterung bringen, wie die Zeitschrift versprochen hatte? Würde er das Geld rechtfertigen, das wir für ihn ausgaben?

Er kam, er wurde ausgepackt und zusammengesetzt. Die erste Furche war ein aufregendes Erlebnis. Gretel und ich spannten uns vor den Pflug, mein Mann schob von hinten und drückte die Pflugschar tief in die Erde. Schollen erhoben sich, wälzten sich um, blieben in einer sauberen Reihe liegen.

O ja, das Ergebnis war beachtlich: In kurzer Zeit war eine Furche gezogen, war eine Scholle Erde in Spatentiefe umgedreht. Es ging wirklich schneller als mit dem Spaten, und man konnte statt der Pflugschar auch andere Geräte wie Egge oder Walze einsetzen. Aber es war für die »Zugtiere« eine Schinderei. Gretel und ich bewältigten nur ein paar Furchen, dann keuchten wir und mußten uns ausruhen. Schließlich erwies sich als günstigstes System, reihum zu wechseln. Nun zog also auch manchmal mein Mann mit Gretel den Pflug, und ich stemmte die Pflugschar in den Boden. Das war aber eine noch anstrengendere Arbeit. Dann wieder hingen mein Mann und ich in den Sielen, und Gretel schob.

Alles in allem: Es ging schneller, wir kamen voran.

Du wirst zusammen mit diesem Brief ein Foto bekommen, auf dem Du den Pflug genau sehen kannst. Allerdings ist es eine Aufnahme aus späteren Jahren, denn im Hintergrund steht schon unser zweites Kind, und neben meinem Mann zieht nicht Gretel, sondern Marga, von der noch die Rede sein wird.

Wir vergrößerten das Mohnfeld, auch das Rhabarberfeld. Wir legten einen breiten Weg vom Haus zum Teich an, begleitet von einer Blumenrabatte. Wir stellten zufrieden fest, daß sich die Qualität des Bodens langsam, ganz langsam verbesserte, daß die Pappelreihe wuchs, daß die Beerensträucher zu tragen begannen. Aber wir lernten auch, daß wir unsere Versuche mit Blumenkohl aufgeben mußten. Dafür war und blieb unser Klima viel zu rauh. Und damit, daß wir wohl niemals würden aufhören können, gegen das zähe Unkraut der Quecken zu kämpfen, hatten wir uns auch abgefunden.

Vor dem überdachten Platz des Stallanbaus sollte ein Spielplatz für Gudrun und die anderen Kinder sein, die wir uns noch wünschten. Mein Mann errichtete das Balkengerüst für eine Schaukel und legte einen geräumigen Sandkasten an.

»Aber dazu ist es doch noch viel zu früh«, sagte ich. »Gudrun hat ja gerade erst laufen gelernt!«

Aber mein Mann setzte das Kind auf das liebevoll zurechtgesägte und abgeschliffene Schaukelbrett, ließ es sich an den Seilen festhalten und schaukelte es sacht hin und her, bis es vor Vergnügen krähte. Dann ließ er es im Sandkasten spielen. Nein, es war nicht zu früh.

Wir nahmen das Kind mit auf unsere Wanderungen, auf die wir ein Jahr lang ungern verzichtet hatten. Jemand hatte uns einen Kindersitz aus festem Tuch mit einer Rückenlehne und zwei seitlichen Griffen geschenkt. Darin trugen wir unser Kind zwischen uns, wenn wir wanderten. Es genoß den gleichmäßigen Schaukelrhythmus.

Natürlich nahmen wir es auch mit in den Teich, wenn wir baden gingen. Mit Vergnügen saß es im warmen Uferwasser und patschte mit Händen und Füßen hinein, daß es spritzte. Es ließ sich durch die Wellen ziehen und staunte den Libellen nach. Ach, der Teich – er war einfach wunderbar. Nach Stunden mühsamer Arbeit im Garten lief man gerade mal so zwischendurch, verschwitzt und müde, zu ihm hinunter, streifte die Kleider ab, zog irgendeinen alten Badeanzug an – oder auch keinen – und schwamm ein paar Runden. Erfrischt arbeitete man danach weiter.
Von der Straße her konnte man wohl auf den Teich schauen, aber selten kamen dort Fuhrwerke oder Fußgänger vorüber, weil es zwischen Wichstadtl und Lichtenau einen Abkürzungsweg durch das Adlertal gab. So fühlten wir uns ungestört und genossen unsere Freiheit. Außerdem wucherte schon der Sichtschutz: Auf einem sumpfigen Wiesenstück östlich des Teiches hatten wir Erlen gepflanzt. Und von den Weiden und Birken, die auf den Dämmen wuchsen, entfernten wir nichts. Dieses Gebüsch liebten wir, es gehörte zum Teich.

Auch rings um das Haus hatte sich seit seinem Bau und dem Anbau schon eine Menge verändert: Aus dem Erdaushub des Kellers war vor der südlichen Giebelseite eine Terrasse entstanden, eingefaßt von einer Natursteinmauer mit ein paar steinernen Stufen auf beiden Seiten. Auf die beiden Ecken der Terrasse hatte mein Mann Trauerweiden gepflanzt – vorläufig noch lächerliche kleine Besen. Rings um das Haus – außer auf der Nordseite – lief eine Blumenrabatte. Hier blühten abwechselnd Gladiolen, Dahlien, Sonnenblumen, Rittersporn und Gartenmargeriten, Fingerhut, Malven und Lupinen, und an den geschütztesten Plätzen gediehen auch Rosen. In der Terrassenmauer wucherten Steingewächse.
Die Ziegen hatten wieder geworfen. Wir behielten drei weibliche Tiere. Zwei Böckchen verschenkten wir. Zur Hauptsache lebten wir jetzt von Ziegenmilch. Morgens tranken wir Milch, abends aßen wir einen Schrot-, Hirse- oder Grießbrei, mit Milch gekocht. Während der Wochen, in denen wir Erdbeeren ernteten und Blaubeeren in den Wäldern sammelten, aßen wir abends Beeren in süßer Milch und ein Stück Brot dazu. Erdbeeren und Blaubeeren, die mochte auch unser Kind.
Jetzt hatten wir schon eine reichere Erdbeerernte. Die kleinen und von Schnecken angefressenen Früchte behielten wir für unseren Haushalt, die großen verkauften wir. Es war nicht schwierig, für unsere Erdbeeren Abnehmer zu finden. Wir verkauften an Privatleute und auch an Gasthöfe in Wichstadtl und der Umgebung. In Lichtenau gab es eine Spankorbfabrik. Dort bestellten wir kleine quadratische Körbchen mit Henkeln, die, gefüllt, etwa ein Pfund Erdbeeren aufnahmen. Daneben benutzten wir aber auch Zwei- und Fünfkilokörbe. Für das Geld, das uns die Erdbeeren in diesem Jahr einbrachten, bepflanzten wir vor der Pappelreihe einen etwa neun Meter breiten, besonders unfruchtbaren und deshalb für andere Zwecke ungeeigneten Wiesenstreifen mit Blaufichten und Edeltannen, die wir als kleine Pflänzchen aus einer Baumschule bezogen. Auch sie sollten später einmal dazu beitragen, unser Haus vor den Ost- und Nordstürmen zu schützen.
Ein besonders harter Winter kündigte sich an: Schon während

der Kartoffelernte schneite es heftig. Vergeblich umwand mein Mann die Stämme der jungen Obstbäume wieder mit einer dikken Strohschicht, um sie vor Hasenfraß zu schützen. Sie standen so tief in den Schneewehen, daß die Hasen die Zweige anknabbern konnten. Die Stürme schlugen die Drähte der elektrischen Leitung so heftig zusammen, daß es immer wieder Kurzschlüsse gab. Und zu allem Unglück stürzte auch noch ein Lichtmast um. Ach, diese Angst vor den unvorhergesehenen Ausgaben! Wir lebten ja von der Hand in den Mund.
Aber unserem Kind ging nichts ab. Es lief, es sprach, es ließ sich mit Vergnügen von uns auf einem Schlitten durch den Schnee ziehen. Meine Mutter, die immer noch in Saarbrücken lebte, schickte Pakete mit selbstgestrickter und selbstgenähter Kinderkleidung. Gudrun war ihr einziges Enkelkind. Ihre ganze

ferne Liebe strickte sie in kleine Pullover, Pudelmützen mit bunten Quasten und Gamaschenhosen hinein, wie Du sie auf Gudruns Winterfoto siehst.
Als das Kind drei Jahre alt wurde, ergriff uns Unruhe: Sollte Gudrun unser einziges Kind bleiben? Sollten wir uns von dem Traum einer Rosinkawiese voller Kinder trennen müssen? Warum kamen sie nicht? Wir erwarteten sie doch schon so ungeduldig.
Genug für heute.

Deine Tante Elfriede

11

Hartershausen, den 2. April 1979

Lieber Michael,

gestern war ein herrlicher Frühlingstag. Er weckte Erinnerungen an damals. Unsere Winter waren so entsetzlich lang, daß wir über die ersten Zeichen des Frühlings, über die ersten warmen Tage geradezu aus dem Häuschen gerieten. Derjenige von uns, der die erste Amsel singen hörte, rief die übrigen Hausbewohner zusammen, und wenn sich irgendwo im Garten ein Schneeglöckchen auftat, verkündete der Finder stolz seine Entdeckung. Weidenzweige wurden hereingeholt, damit sich die Kätzchen öffneten und mit Blütenstaub überzogen. Und kaum tauten die letzten Schneeflächen weg, bedeckten sich unsere Wiesen und die der Nachbarn mit einem weißen Hauch: unzählige Anemonen. Und die Grabenränder färbten sich gelb von den Blüten der Sumpfdotterblumen.
In jenem Jahr verließ uns unsere treue Gretel. Sie schied in aller Freundschaft von uns, und noch bis zum Kriegsende standen wir mit ihr in Kontakt. Danach verloren wir sie aus den Augen. Statt ihrer kam Marga zu uns, die uns und die Entwicklung unserer Rosinkawiese auch wieder ein paar Jahre lang begleitete. Sie kam aus Brünn. Deine Großmutter kannte sie und ihre Eltern gut und hatte ihr von uns erzählt. Darauf war sie neugierig geworden. Eigentlich flüchtete sie sich zu uns vor einem Beruf, der ihr nicht lag, denn ihre Eltern hatten sie in die Handelsschule geschickt, um sie als Sekretärin ausbilden zu lassen.
Bei uns fand sie das Leben, das sie gesucht hatte. Daß wir ihr nur ein Taschengeld anbieten konnten, machte ihr nichts aus. Sie arbeitete nicht, um Geld zu verdienen. Andererseits sahen wir in ihr nie nur eine Hilfskraft. Wir besprachen mit ihr alle unsere Sorgen, vor allem: unseren Wunsch, unabhängig zu werden, niemanden um Geld bitten zu müssen.

Daß die Wichstädter und die Bewohner der umliegenden Dörfer uns zu Sonderlingen erklärten, weil sie unser Verhalten, unsere Experimente nicht begriffen und unseren Lebensstil als ihnen fremd empfanden, störte uns nicht. Wir fühlten uns stark genug, dieses Außenseiterdasein anzunehmen und zu ertragen. Aber daß es uns nicht gelang, uns von den Erträgen der Rosinkawiese zu erhalten, quälte uns.
Besonders die Winter lähmten uns. Da gab es reichlich Zeit und Gelegenheit, in trübe Grübeleien zu versinken. Während des Winters war es nicht möglich, durch intensive Arbeit die großen und kleinen Erfolge auf unserem Land sichtbar werden zu lassen.
Wie dankbar waren wir dann für jeden Besuch! Außer Erni und dem Kniemann, die auch im Winter ab und zu hereinschauten, kamen vor allem in der kalten Jahreszeit Leute zu uns, die selber eine Siedlung betrieben und sich mit uns beraten und Vergleiche ziehen wollten. Während des Frühlings und Sommers konnten sie ihre Felder und Gärten nicht verlassen.
Es kamen aber auch Leute, die erst vorhatten, eine Siedlung aufzubauen, und bei uns Rat und Orientierung suchten. Ich erinnere mich an endlose Grundsatzdiskussionen. Oft verlor man dabei das Wesentliche aus den Augen und stritt um Nebensächliches. Die Gespräche drehten sich auch um die überall aufblühenden Reformen: die Landschulheime, die Nacktkultur, den Vegetarismus, die Freiland-Freigeld-Theorie des Silvio Gesell. Natürlich gab es auch Utopisten, Träumer und Schwärmer in dieser breitgestreuten Bewegung. Aber alles in allem war es, so meine ich in der Rückschau, eine gute Strömung, die wahrscheinlich die damalige Lebensweise in Mitteleuropa beeinflußt hätte, wäre sie nicht durch die politische Entwicklung in Deutschland erstickt worden.
Wenn der Besuch uns wieder verlassen hatte, sanken wir in die Einsamkeit zurück und fühlten uns wie auf einer abgeschiedenen Insel.
Erst die Gewißheit, daß ich wieder schwanger war – endlich! –, belebte uns. Unser zweites Kind sollte im September zur Welt kommen.

In diesem Frühjahr schafften wir die Hühner wieder ab. Sie rentierten sich nicht, weil wir den größten Teil ihres Futters für sie kaufen mußten. Und immer wieder fanden sie irgend einen Durchschlupf im Drahtzaun ihres Auslaufs, gerieten in den Garten, scharrten dort herum und richteten auf den Beeten viel Schaden an. Auf die Eier wollten wir in den Zeiten, in denen wir knapp bei Kasse waren, verzichten.
Die Erdbeerernte fiel noch reichlicher als in den vergangenen Jahren aus. An jedem Markttag verkaufte mein Mann nun Erdbeeren in Grulich, unserer Kreisstadt, die dreizehn Kilometer von uns entfernt lag. Das war eine mühsame Unternehmung: Die schweren Körbe, zwei zu je zehn Kilo, schleppte er erst auf der Landstraße bis nach Lichtenau zum Bahnhof. Das waren über zwei Kilometer. Von dort fuhr er mit dem Zug bis zum nächsten Ort, wo er hätte umsteigen müssen. Aber er stieg nicht um, denn eine volle Fahrkarte nach Grulich war uns zu teuer, sondern ging das letzte Stück wieder zu Fuß. Auf dem Marktplatz des Städtchens stellte er sich dann mit seinen Körben hin und bot die Erdbeeren an. Die Leute kauften sie gern. Er behielt fast nie etwas übrig. Mit den leeren Körben wanderte er den ganzen Weg zu Fuß nach Hause, und wir freuten uns über das Geld, das er mitbrachte und das wir so notwendig brauchten.
Gegen Ende August wollten wir das Korn ernten. Am Vorabend des geplanten Kornschnitts, bei dem ich trotz meiner fortgeschrittenen Schwerfälligkeit die Garben binden wollte, schwamm ich noch mit Marga und meinem Mann durch den Teich. Es war ein herrlicher Sommerabend mit Grillengezirp und würzigen Düften, und als wir zum Haus zurückkehrten, glitzerten schon die ersten Sterne am Himmel. Das Korn wogte in einer sanften Brise. Wir standen noch eine Weile davor und genossen den Anblick. Am kommenden Abend sollte es ja schon geschnitten und in Puppen aufgestellt sein.
In der Nacht begannen die Wehen, nach unserer Berechnung zwei bis drei Wochen zu früh. Ich weckte meinen Mann.
»Du«, sagte ich, »morgen kann ich nicht bei der Ernte mithelfen.«

Er begriff. Er lachte und sagte: »Dafür sorgst du ja für eine andere Ernte.«
Dann lief er ins Dorf, um die Hebamme zu holen.
Am nächsten Tag wurde das Korn trotzdem geschnitten. Meine Schwiegermutter sprang ein und band die Garben. Diese Arbeit war ihr geläufig. Sie stammte selber von einem Bauernhof des Nachbardorfes.
Das Kind war wieder ein Mädchen. Ein zartes, aber gesundes Kind. Ein Schreihals. Wir nannten es Freya.
Nun waren wir fünf, Marga mitgerechnet. Es mußte eisern gespart werden, wenn wir mit dem bißchen, was uns die Rosinkawiese gab, auskommen wollten. Wir nutzten alle Möglichkeiten aus, die uns die Natur rund um unser Land bot. Im Frühling sammelten wir wilde Kräuter: Brunnenkresse, Sauerampfer, Sauerklee, die weißen Triebe des Löwenzahns, auch ein paar junge Blätter der Schafgarbe dazu, hackten alles klein und gaben Zitrone, Salz und Öl daran. Das war ein würziger Salat mit vielen Vitaminen. Aus den jungen, zarten Brennesseln kochten wir köstlichen Spinat. Den aromatischen Saft junger Fichtentriebe verarbeiteten wir zu einer Art Sirup, den wir Maispitzensaft nannten. Heilkräuter für Tee hatten wir immer vorrätig. Sie stammten zum größten Teil von unserem Land: Kamille, Melisse, Johanniskraut, Wermut, Königskerzen und dergleichen. Im Sommer erfrischten wir uns an kaltem Pfefferminz- oder Apfelschalentee. Wir beschafften uns kostenlos aus Wald und Feld – neben dem, was wir in unserem Garten zogen – Kerbel, Kümmel und Thymian. Wir sammelten Himbeeren, Blaubeeren, Preißelbeeren, Brombeeren, Holunderbeeren, Hagebutten für Marmelade und Gelee.
Pilze waren für uns im Spätsommer und Herbst fast ein Hauptnahrungsmittel. Die Adlergebirgler aßen oft und gern Pilze. Die kosteten nichts und waren, richtig zubereitet, nicht nur nahrhaft, sondern auch schmackhaft. Unsere Gegend war reich an diesen merkwürdigen Gewächsen: Birkenpilze, Steinpilze, Braunkoppen, Pfifferlinge, Butterpilze, Rotkoppen und andere genießbare Sorten gab es in Hülle und Fülle, auch rings um die Rosinkawiese. Wir kannten bald die Plätze, wo die einzelnen

Sorten wuchsen. Wir lernten, bei welcher Witterung sie besonders gern aus dem Boden schossen. Sie wuchsen sogar unter den Birken auf dem Teichdamm.
In der Pilzzeit kamen wir immer mit vollen Körben heim. Vor allem unter den Steinpilzen, die sogar den Ansprüchen der Feinschmecker genügen, fanden wir manchmal so große Exemplare, daß wir mit zweien oder dreien von ihnen eine ausreichende Mahlzeit für die ganze Familie zubereiten konnten. Den größten Steinpilz, der mir jemals vor die Augen kam, karrte unser nördlicher Feldnachbar aus seinem Wäldchen auf der Schubkarre heim. Als er an unserem Garten vorüberkam, rief er uns und zeigte uns stolz das Naturwunder: Der Pilz wog über ein Kilo. Sein Schirm hatte einen Durchmesser von fünfunddreißig Zentimetern.
Ich schaute mich nach Pilzrezepten um. Meine Schwiegermutter und auch die anderen Frauen des Dorfes kannten erstaunliche Varianten der Pilzzubereitung. Pilzsoße zu Pellkartoffeln, Pilz-»Gebräte« zu Brot, »Eierspeise« mit Pfifferlingen, Pilzsuppe, Pilzomeletten – eine angenehme Abwechslung in unserer Speisenfolge.
Was wir von den frischen Pilzen nicht gleich zubereiten konnten, trockneten wir, in dünne Scheiben geschnitten, für den Winter. Schon Gudrun schickten wir allein auf Pilzsuche. Sie kannte die Hauptsorten, wußte die Gefahren, hatte gelernt, daß man die Pilzstiele nicht aus dem Boden reißt, sondern abschneidet, um die Fortpflanzungsmöglichkeit dieser Gewächse zu wahren. Sie hatte auch gelernt, sich beim Pilzesuchen vor Schlangen in acht zu nehmen. Es gab viele Kreuzottern in unserer Gegend. Sie sonnten sich gern auf steinigen Rainen und Südhängen. Pietsch Johanns Frau wurde bei der Heumahd gebissen und kam nur knapp mit dem Leben davon.
Unser Gemüse war im Verhältnis zu den gärtnerischen Produkten, die heute auf den Markt kommen, immer noch recht kümmerlich. Das lag, wie ich schon sagte, nicht nur am Dünger. Das Klima war zu rauh, und daran ließ sich nichts ändern. Unsere Rosinkawiese lag ja fünfhundertfünfzig Meter hoch. Eigentlich taugte diese Gegend nur für Almwirtschaft, Flachs,

Roggen und Kartoffeln. Wir konnten von diesem Land nichts Unmögliches verlangen – nicht einmal gute Obstsorten!
Nur die Erdbeeren enttäuschten uns nicht. Wir hatten nun das Erdbeerfeld bis hinunter zum Teich vergrößert. Im kommenden Jahr stießen wir aber auch dort an die Grenzen unserer Möglichkeiten: In den Dämmen des Teiches hatten sich Bisamratten eingenistet, eine wahre Landplage, die sich langsam über ganz Böhmen ausgebreitet hatte. Sie durchwühlten die Dämme, richteten unsere schöne kleine Insel übel zu und vermehrten sich unglaublich rasch. Nachts kamen sie in unsere Erdbeeranlagen. Sie wühlten und fraßen sich richtige Wege durch die Erdbeerreihen. Sie fraßen alle Früchte ab, vor allem aus den Reihen, die dem Teich am nächsten lagen.
Wir verständigten den Heger. So wurde bei uns der Waldhüter genannt. Der legte sich Abend für Abend oder auch in den frühen Morgenstunden auf die Lauer, denn tagsüber zeigten sich die Tiere nicht. Es gelang ihm auch wirklich, ein paar dieser schlauen Biester abzuschießen. Darauf wurden die Überlebenden scheuer und verzogen sich.
In der Zeit um Allerheiligen versuchten wir Nebeneinnahmen hereinzubekommen, indem wir Grabkränze aus Tannengrün und selbstgezogenen Strohblumen flochten und zum Verkauf anboten. Aber es wurde ein Mißerfolg, denn den Wichstädtern gefielen unsere Kränze nicht. Sie verlangten nach Pompöserem: nach Kränzen mit künstlichen Blumen, die sie nach Allerseelen wieder hereinholen, reinigen und im kommenden Jahr erneut als Grabschmuck gebrauchen konnten.
Zu allem Unglück blieb plötzlich die monatliche Summe von vierhundert Kronen aus, die ich seit meiner Heirat von daheim geschickt bekommen hatte und die wir doch unbedingt benötigten, um unser Darlehen abzuzahlen. Diese Nachricht schlug bei uns wie eine Bombe ein – was nun?
Als Entschädigung für die endgültig versiegte Rente bekam ich aber aus Saarbrücken eine Sendung teils neuer, teils alter Familienmöbel zugeschickt: sechs eiserne Bettgestelle mit Matratzen, einen Küchenschrank, einen Bücherschrank, einen großen eichenen, ausziehbaren Eßtisch, das Klavier aus meiner Ju-

gendzeit, ein Sofa, den Schreibtisch meines Vaters und noch verschiedenes mehr.

Mit einem Anflug von Wehmut ließen wir unsere Strohsäcke und Kisten verschwinden. Auch diese Zeit der Genügsamkeit war schön gewesen, und wir hatten nie das Gefühl gehabt, etwas entbehren zu müssen. Unsere Zimmer im Oberstock wurden jetzt richtig wohnlich nach herkömmlicher Art. Unser Schlafzimmer neben der Wohnküche wurde mit Bücherschrank, Klavier und Schreibtisch und natürlich dem Sofa, das wir als bürgerliches Requisit belächelten, zu einem Wohnzimmer umfunktioniert. Das Schlafzimmer wurde hinauf in den Oberstock verlegt, in das größte der drei Zimmer, wo der Kanonenofen stand. Der daneben liegende Raum, das »rote« Zimmer genannt wegen der roten Vorhänge, wurde für die Kinder eingerichtet. Die »Westkammer« diente als Gästezimmer.

Natürlich waren uns die Möbel willkommen, aber auch sie waren keine Antwort auf die Frage, wie wir künftig die Hypothek abzahlen sollten. Unsere einzige größere Einnahmequelle war die Erdbeerernte. Aber sie reichte längst nicht aus, um alle unsere Zahlungsverpflichtungen zu decken. Auch Theo Walters Kredit mußte ja rückgezahlt werden.

Nein, wir mußten uns etwas einfallen lassen, und zwar so schnell wie möglich!

Das soll für heute genügen.

Deine Tante Elfriede

12

Hartershausen, den 5. April 1979

Lieber Michael,

Deine Großmutter schrieb mir, daß Deine ganze Familie meine Briefe voller Spannung mitliest. Na ja, wenn's ihr Spaß macht. Aber daß Dein Vater abends, wenn er heimkommt, als erstes ruft: »Sind neue Memoiren da?«, das höre ich nicht gern. Was ich da schreibe, sind keine Memoiren. Ich habe kein Bedürfnis, Lebenserinnerungen zu schreiben, mich damit selbst zu erleichtern oder der Mit- und Nachwelt minuziös zu erläutern, was ich für ein Mensch gewesen bin.

In meinen Briefen bin nicht ich der Mittelpunkt, sondern es ist unsere Idee, auf dem Lande zu siedeln, die Möglichkeit eines alternativen Lebens. Somit dreht sich mein Bericht hauptsächlich um den Ort ihrer Realisierung: die Rosinkawiese. Und nur dieser Aspekt ist für Deine Zukunftspläne von Interesse.

Wir überlegten also verzweifelt, wie wir zu dem Geld kommen konnten, das wir dringend für die unumgänglichen Ausgaben und vor allem zur Abzahlung unserer Schulden benötigten.

Mir kam der Einfall, Sommergäste aufzunehmen. Jetzt waren unsere Räume durch die Saarbrücker Möbel ja einigermaßen präsentabel für bürgerliche Ansprüche. Was noch fehlte, würde sich aus der Verwandtschaft zusammenfinden. Vor allem mit meiner Schwiegermutter konnte ich rechnen: Sicher würde sie dies und das beisteuern, hauptsächlich Bettzeug, das wir für unsere neuen Pläne jetzt dringend brauchten. In Vegetarier- und Reformzeitschriften inserierten wir während des Winters und Frühlings, und zu unserer großen Freude bekamen wir ein paar Anmeldungen.

Wir hofften und bangten: Würde unsere Rosinkawiese den Gästen gefallen? Gewiß, sie hatte allerlei an Voraussetzungen für das Wohlergehen Erholungsuchender zu bieten: Abgeschiedenheit und Stille, schöne Landschaft, Badeteich und Wälder, frische Luft und ländliche Umgebung. Aber würden den Ansprüchen der Gäste unser einfaches Essen, unsere kleinen Zimmer mit ihrer bescheidenen Einrichtung, unsere sanitären Verhältnisse genügen?

Wir waren skeptisch. Den Pensionspreis hielten wir dementsprechend niedrig: dreißig Kronen pro Tag, mit Vollverpflegung. Dieser Preis mußte vor allem reichsdeutsche Gäste locken, deren Währung jetzt wieder stabil war. So billig konnte man damals wahrscheinlich in ganz Deutschland kaum unterkommen. Ferienaufenthalte in den deutschsprachigen Gebieten der Tschechoslowakei galten für Reichsdeutsche allgemein als preisgünstig. Wir boten wohl noch eine besonders billige Vollpension. Aber wir wollten ja auch eine besondere Interessengruppe ansprechen: Menschen, die Freude am einfachen Leben hatten. Und daß wir nur vegetarische Kost anzubieten gedachten, hatten wir im Text unserer Inserate ausdrücklich betont.

Vor dem ersten Gästesommer lag noch ein harter Winter. Mein Mann war im Spätherbst mit dem Fahrrad gestürzt und hatte sich das Schultergelenk verletzt. Ein paar Wochen lang konnte er seinen Arm nicht gebrauchen. Seine Erzählungen und Aufsätze, die sich fast immer um unser Leben auf der Rosinkawiese drehten, mußte er mir oder Marga diktieren. Damit Du einen Eindruck von seinen schriftlichen Arbeiten bekommst, lege ich die Kopie eines seiner Beiträge für den Jahreskalender *»Lebensborn«* bei.

Aber auch ich war in meinen Möglichkeiten eingeschränkt, denn noch vor dem ersten Geburtstag unseres jüngeren Kindes war ich wieder schwanger geworden und erwartete die Niederkunft für Ende Februar. Diesmal war es etwas *zu* schnell gegangen, aber wir freuten uns trotzdem sehr auf das Kind, und wenn uns die Sommergäste auch viel Arbeit machen würden, waren wir doch zuversichtlich, daß das Kleine nicht zu kurz käme.

Dieser Winter hatte es in sich. Gudrun bekam Lungenentzündung. Wir litten Angst um sie. Damals gab es noch kein Penicillin. Die Fünfjährige überstand die Krise, brauchte danach aber

Mein Kind erzieht mich

Was mein Kind macht? Ei, was soll denn ein Kind tun, als kreuzfidel sein, spielen und singen und ab und zu einen dummen Streich ausführen. Du willst mehr wissen von meinem Kind? Etwas ganz Besonderes?

Wenn ich dir etwas erzähle, so glaubst du's doch nicht —: Es gibt mir Unterricht! Du meinst, ich hätte mich versprochen? Nein! Wie du es liest, so ist es. Zwei Jahre ist mein Kind und gibt mir Unterricht.

Du weißt, ich denke gerne gründlich nach und laß dabei den Kopf oft tiefer hängen als es not tut. So sitz ich hinterm Tische, den Kopf in die Hände gestützt, und grüble, grüble mich halbtot. Seh' alles grau und schwarz und weiß es immer deutlicher: ich schaff es nicht. Umsonst ist alle Mühe, vergebens alle Arbeit. Es geht nun einmal nicht! Ich kann mir selber furchtbar leid tun. Was bin ich doch ein armer geplagter Mensch!

Mein Kind spielt neben mir. Es trippelt zu der Küchentür, die einen kleinen Spalt offen zu stehen scheint. Richtig! Hat die Mutter vergessen sie zu schließen! Das ist aber schön! Da wollen wir gleich mal nachsehen, ob und was ... Aber wir wollen doch lieber die Tür wieder hinter uns zuziehen.

Du meinst, das wär' ganz einfach? Ich mein' es auch. Aber mein Kind ist zwei Jahre alt, da sieht so ein riesiger Türflügel doch wohl ganz anders aus. Es steht noch im Zimmer und holt die Tür hinter sich heran; den Rücken hat es der Küche zugewandt. Der Drückel? Ja, wenn man den erreichen könnte! Aber es geht auch, wenn man unten anfaßt. Also los! Die Tür stößt an die Fußspitzen und will nicht weiter. Und wie das Kind nach dem Hindernisse guckt, da bummst sie gar noch an den Kopf.

Also so geht's nicht. Vielleicht geht's besser, wenn man sich etwas herumdreht, mit der anderen Hand versucht. Es dreht sich einmal um die eigene Achse. Das Drehen ist leicht! Aber, wo man halten soll mit seinen zwei Jahren, ist nicht so einfach! Um einen halben Kreis zuviel! Da steht man nun schon wieder auf dem alten Flecke.

Jetzt bin ich aufmerksam geworden, will meinem Kinde helfen. Doch seine Mutter in der Küche winkt mir ab. Sie meint, ich sollte mir lieber selber helfen! — Sie hat nicht unrecht. Ich drehe mich im Kreise um mich selbst, um meine Schwächen und finde nicht heraus. Ich hab es aufgegeben, einen Weg zu suchen und bin ein Mann!

Aber mein Kind dreht sich noch zweimal um sich selbst, bis es seine andere Hand spürt, die es gesucht hat, und faßt mit ihr die Tür. Die Schwelle ist jetzt noch im Wege; drei ganze Zentimeter hoch! Und doch — die Tür rutscht aus der Hand dabei. Und noch einmal versucht es. Es glückt. Zwar ist die Hand empfindlich in die Klemme gekommen, aber die Tür ist jetzt so weit zu, daß nur noch die Finger dazwischen sind. Weiter geht's auf keinen Fall. Wozu auch? Für diesmal ist das Ziel erreicht. Man kann es zwar noch üben, damit es schneller geht und sicherer und ohne dieses Drehen um sich selbst.

Mein Kind braucht eine halbe Stunde, die Tür zu schließen.

Und ich? — Ich habe einen ganzen halben Tag vergrübelt und verträumt, statt zu probieren, zuzufassen. Jetzt aber los!

Siegfried Pausewang.

lange, bis sie wieder zu Kräften kam. Der Schnee verwehte die Landstraße, so daß tagelang kein Verkehr mehr möglich war. Auch die Bahnstrecke zwischen Lichtenau und Wichstadtl wurde wieder lahmgelegt. Die fast sibirische Kälte zwang die Eismänner, eine ganze Reihe von Tagen daheim zu bleiben. Und bis zu Ostern lag Schnee.

Die Geburt unseres dritten Kindes verlief ohne Komplikationen. Im Gegensatz zu unserer Zweiten war es ein stilles, braves, immer zufriedenes Kind, das man kaum spürte. Wir nannten es Sieglinde. Daß es wieder ein Mädchen war, störte uns nicht. Wir waren nicht auf Jungen versessen.

Mit klopfenden Herzen sahen wir den Sommergästen entgegen. Da mußten noch Vorhänge genäht und alte Möbel frisch gestrichen werden, und aus Strohblumen, die wir jedes Jahr im Garten zogen, flocht ich kleine Kränze, die wir in den für die Gäste bestimmten Zimmern an die weißen Wände hängten. Das sah hübsch aus und machte die Räume wohnlicher.

Bettvorleger sollten auch da sein. Dafür schnitten wir alte Kleidungsstücke in zwei Finger breite Streifen, nähten sie an ihren Enden aneinander, und Gudrun wickelte mit großem Vergnügen diese endlosen Bänder zu gewaltigen Knäueln auf. Die brachten wir zu einem der Fleckelteppichweber, von denen es in unserer Gegend mehrere gab, denn diese Fleckelteppiche waren im Adlergebirge überall in den Bauernhäusern zu finden. Es wurden hübsche bunte, recht strapazierfähige Teppiche, die nur den bescheidenen Weblohn kosteten.

Auch Kleiderhaken fehlten noch, sowie Waschtische, Waschschüsseln und Krüge. Sie zu beschaffen bereitete uns Sorgen, denn die Erdbeerernte, die uns jedes Jahr den einzigen nennenswerten Gewinn einbrachte, war ja noch nicht gekommen. Aber irgendwie fand sich doch rechtzeitig alles Nötige ein. Auch der hölzerne Gartentisch und die Bänke wurden in Ordnung gebracht. Hier draußen sollten die Gäste bei warmem und sonnigen Wetter essen. Sogar mehrere Liegestühle hatte jemand aus unserem Freundes- und Verwandtenkreis beigesteuert.

Das Experiment konnte also beginnen.

Mitte Juni trafen die ersten Gäste ein. Wir holten sie in Lichtenau, der uns am nächsten gelegenen Bahnstation, mit einem Handwagen ab. Auf den luden wir das Gepäck. Zwei Kilometer weit mußten sie zu Fuß auf der Landstraße neben uns herwandern. Ich sehe sie noch genau vor mir: den pensionierten Major mit seiner Frau, alte Herrschaften, offensichtlich aus einer Welt stammend, die uns fremd war. Wir waren skeptisch. Würden sie sich bei uns wohlfühlen? Würden sie sich unserem Stil anpassen können?

Erstaunlicherweise glückte der Versuch: Es gefiel ihnen gut bei uns. Mit der Kost waren sie einverstanden, denn sie waren ebenfalls Vegetarier, und ich bemühte mich, die Speisenfolge so abwechslungsreich wie nur möglich zu gestalten. Über unser Plumpsklo im Schuppen amüsierten sie sich, das einfache Zimmer nahmen sie mit Humor. Teich, Wald und Felder begeisterten sie. »Ferien vom Ich« nannten sie den Urlaub auf unserer Rosinkawiese.

Kurz danach kam ein anderes älteres Ehepaar an, ein pensionierter Volksschulrektor aus Schlesien mit seiner Frau. Schließlich gesellte sich aus Brünn noch ein jüdisches Ehepaar mittleren Alters dazu. Auch sie fügten sich in unsere Atmosphäre ohne Schwierigkeiten ein.

Alle unsere Gäste genossen die Freiheit, die ihnen unsere einsam gelegene Siedlung bot, liefen fast den ganzen Tag in Badehosen herum, verloren sich stundenlang in den Wäldern und Feldern ringsum, machten Ausflüge ins Adlergebirge, auf den Muttergottesberg, ins »Böhmische«.

Den ersten drei Gastfamilien folgten andere. In den Monaten Juni, Juli, August hatten wir Hochbetrieb. Das war für uns eine anstrengende Zeit. Dabei ging es nicht nur um die zusätzliche Arbeit. Wir hatten ja alle drei Zimmer im Oberstock, außer der Mädchenkammer, vermietet. Ich mußte mit den drei Kindern ganz oben im »Taubenschlag« schlafen, und mein Mann kampierte auf dem Heuboden im Anbau. Das Wohnzimmer stand den Gästen als Aufenthaltsraum zur Verfügung. An dem großen Tisch in der Wohnküche aßen sie bei ungünstiger Witterung, sonst draußen. War es gar zu heiß, wurde eine provisori-

sche Tafel unter dem vorspringenden Dach des Anbaus gedeckt. Dort war es schattig und kühl.
Die Mahlzeiten der Gäste waren besser als unsere eigenen. Ich konnte nicht für alle so üppig kochen. Es ging ja ums Geld.
Einige Gäste kehrten im kommenden Sommer zurück. Sie vermittelten uns neue Gäste aus ihren Bekanntenkreisen. Die »Neuen« reisten nicht ins Ungewisse. Sie waren über uns genau informiert. Sechs Erwachsene, dazu vielleicht ein oder zwei Kinder – mehr Leute konnten wir nicht gleichzeitig aufnehmen.
Manche von ihnen interessierten sich für das Volkstum unserer Gegend, für dörfliche Feste und Bräuche, andere wieder fanden Vergnügen darin, uns im Garten oder bei der Heuernte zu helfen, wieder andere rührten sich kaum aus ihren Liegestühlen und bräunten sich oder lasen. Kamen Kinder, so waren ihnen unsere beiden älteren Töchter willkommene Spielkameraden, die sie in die Geheimnisse unseres Teiches und der nächstgelegenen Wäldchen einführten.
Wie unsere Rosinkawiese zur Ankunft der ersten Gäste aussah, zeigt Dir das beiliegende Foto. Allerdings mußt Du Dir den

Hang hinter dem Haus steiler und unser Grundstück zum Teich hin abschüssiger vorstellen. Im Vordergrund sitzen unsere beiden ältesten Kinder.
Vor allem älteren Leuten gefiel es bei uns. Hier fühlten sie sich nicht ausgeschlossen und hatten ihre Ruhe. Dazu boten sich ihnen zahlreiche Varianten an Spazierwegen in herrlichster Landschaft an.
Allerdings fügten sich nicht alle Gäste in unseren anspruchslosen Rahmen ein. Manche vermißten ein Kino in unserem Dorf, andere wünschten ein Wasserklosett, und die Tochter des schlesischen Rektors, der einer unserer treuesten Gäste wurde, kaufte sich zusätzliche Butter und stellte sie während jeder Mahlzeit neben ihr Gedeck, um ihr Essen anzureichern. Sie kam auch nur einmal und danach nie wieder. Wir trauerten ihr nicht nach. Wir konnten keinen Komfort bieten, und wer ihn vermißte, wer nicht flexibel genug war, sich auf unsere Einfachheit einzustellen, war bei uns fehl am Platze.
Aber wir staunten doch immer wieder, wie viele unserer Gäste, die doch fast alle aus gutbürgerlichen Verhältnissen stammten, ehrlich bekundeten, daß sie eine schöne Zeit bei uns gehabt hatten. Vielleicht lag es daran, daß wir ihnen einen totalen »Tapetenwechsel« geboten hatten, wie man heute zu sagen pflegt. Und außerdem behandelten wir sie nie als Gewinnobjekte, sondern als Gäste, als Menschen. Wir stellten uns auf ihre Eigenheiten, ihre Wünsche ein. Das dankten sie uns. Und dies wiederum machte uns die harte Arbeitszeit erträglich. Wir entdeckten, daß man auch auf diese Art für das einfache Leben werben konnte.
Bis zum nächsten Mal.

Deine Tante Elfriede

13

Hartershausen, den 8. April 1979

Lieber Michael,

war die Gästesaison vorüber, standen unsere drei Kinder wieder im Mittelpunkt unseres täglichen Lebens. Nicht daß wir uns den ganzen Tag mit ihnen beschäftigt hätten! Das konnten wir uns gar nicht leisten. Es entsprach auch nicht unseren pädagogischen Vorstellungen. Von klein auf wurden sie zum Helfen, zur Erfüllung bestimmter, ihrem Alter entsprechender Pflichten erzogen. Veckenstedt beeinflußte unsere Erziehungsmethoden sehr deutlich.
Jedes Kind mußte natürlich, sobald es etwa vier Jahre alt geworden war, seine Schuhe selber putzen, und Gudrun, die Älteste, putzte auch die Schuhe der Erwachsenen mit. Schon die Kleinen konnten Holz tragen, Linsen auslesen, den Vorplatz vor dem Haus kehren, Erbsen auspellen. Waren sie etwas älter geworden, halfen sie Geschirr abtrocknen, Kartoffeln schälen, Streifen für Fleckelteppiche schneiden, Gießwasser schleppen, die Bleichwäsche begießen, Mohnkapseln öffnen, frische Feldblumensträuße suchen. Mein Mann brauchte nicht mehr auf Suche nach Pferdemist zu gehen. Das übernahmen jetzt unsere Kinder.
Auf einem der beiliegenden Bilder siehst Du Gudrun mit einer jungen Trauerweide über der Schulter. Hinter ihr steckt ein Spaten. Sie steht – was kaum zu erkennen ist – auf der Insel im Teich. Sie hilft meinem Mann, den Baum auf die Insel zu pflanzen. Auf einem anderen Foto siehst Du sie meinem Mann bei der Erbsenernte helfen: Die letzten Schoten werden von der bereits halbvertrockneten Pflanze gelöst und ausgepellt.
In der Erntezeit fanden die Kinder kaum eine Stunde zum Spielen. Da mußten Erdbeeren, Stachelbeeren, Johannisbeeren gepflückt werden, da zogen alle zusammen hinaus in den Wald

mit Bechern und Krügen, um Himbeeren, Blaubeeren und Brombeeren zu suchen. Und das ganze Jahr über mußte Gudrun ihre kleinen Geschwister hüten. Auch davon habe ich eine Aufnahme mitgeschickt.

Für ihre Hilfe bekamen die Kinder nur Lob. Wir bestärkten sie in dem Bewußtsein, vollwertige Mitglieder unserer Gemeinschaft zu sein. Jedes einzelne Mitglied hatte ihm angemessene Pflichten zu erfüllen und trug damit zum Wohlergehen des Ganzen bei.

So manche Arbeiten verwandelten sich aber auch in Spiel oder kindlichen Wettstreit. Wer hatte schneller seinen Streifen gejätet? Wer hatte den größten Pilz gefunden? Den schönsten Blumenstrauß gepflückt? Natürlich staffelte sich das Arbeitssoll nach dem Alter des Kindes.

Jedes der Kinder bekam ein Beet, das es nach eigenen Plänen besäen und bepflanzen konnte. Wie stolz waren die Kleinen, wenn sie mir ihre selbstgezogenen Radieschen in die Küche brachten und mir Sträuße von ihrem eigenen Beet schenken

konnten! Und wie deutlich spiegelten sich die Charaktere und Begabungen der einzelnen Kinder auf ihren Beeten. Gudrun interessierte sich nicht für das Gemüse. Das Zentrum ihres Beetes bildete ein von Steingruppen und Blumenstauden umgebener, winzig runder Teich, dessen Wasser in einem alten, in die Erde eingegrabenen und somit unsichtbaren Eimer stand. Ein romantisches Arrangement, das mit dem nüchternen, aber ertragreichen Gemüsebeet ihrer Schwester Freya nicht viel zu tun hatte. Das wiederum war jederzeit sauber gejätet, während in Gudruns Märchengarten meistens Urwald wucherte.

Wir hatten kein Geld, um unsere Kinder mit teurem Spielzeug auszustatten. Aber das vermißten sie auch nicht. Die Dorfkinder besaßen auch nicht mehr als sie. Diese Armut machte sie erfinderisch. Aus Brettern, Zweigen und Pfählen bauten sie sich Hütten. Eine merkwürdig gebogene Wurzel wurde zu einem Spielzeugtier umfunktioniert, aus Weiden- und Haselruten entstanden Pfeil und Bogen. Der Sägebock wurde zum Reitpferd.

Immer wieder stahl ich mir, soweit die Arbeit in Haus und Garten es erlaubte, etwas Zeit und bastelte mit den Kindern Spielzeug: Ketten aus Hagebutten, Tiere und Männchen aus Kastanien, Eicheln und abgebrannten Streichhölzern. Ich fertigte mit ihnen Binsenkörbchen, Kränze aus Eichenblättern und Kiefernnadeln, Fadenmännchen aus alter Wolle an. Aus Manuskriptpapier schnitt ich mit ihnen Faltsterne.

Wir sangen sehr viel. Aus dem Wandervogel hatte ich eine Unmenge von Liedern mitgebracht. Hörten die Kinder mich singen, sangen sie die Lieder nach. Wann immer wir im Garten und auf Wanderungen oder in den stillen Stunden zwischen Abendessen und Schlafenszeit zusammen waren, sangen wir gemeinsam. Es dauerte nicht mehr lange, bis Gudrun, die nun schon zur Schule ging, ihre Stimme allein halten konnte, und ich begleitete sie mit einer improvisierten zweiten Stimme. Marga konnte auch gut singen, und so sangen wir oft mehrstimmig. Wenn mein Mann Zeit hatte, sang er mit. Bald konnte Gudrun schon bei Madrigalen und anspruchsvollen Kanons mithalten. Das freute mich. An der Wand im Wohnzimmer hing meine Laute aus der Wandervogelzeit. Mit ihr begleitete ich die Lieder.

Gudrun war vier Jahre älter als ihre nächste Schwester. Sie wurde sehr früh schon ernst genommen in unserer Gemeinschaft. Seit sie zur Schule ging, mußte sie auch schon mehrmals in der Woche mit einer langen Liste und einem Rucksack ins Dorf wandern und Einkäufe erledigen. Sie mußte zum Elektriker nach Lichtenau laufen, wenn an der elektrischen Leitung irgend etwas nicht in Ordnung war. Fiel der Strom aus, mußte sie im Keller pumpen.

Wir erzogen sie bewußt zur Selbständigkeit: Noch bevor sie zur Schule ging, schickten wir sie allein nach Lichtenau zum Zahnarzt. Mit acht Jahren fuhr sie an manchen Ferientagen mit einem Korb voller Rosen- und Nelkensträuße nach Grulich auf den Markt. Inzwischen war eine direkte Buslinie von Wichstadtl nach Grulich eingerichtet worden. Sie führte über unsere Landstraße. Hinter dem Teich brauchte Gudrun nur auf den Bus zu warten und ihm zu winken. Dann hielt er und nahm sie samt ihrem großen Korb mit. Sie hatte nur den halben Fahrpreis zu bezahlen.

In Grulich stellte sie sich zwischen die Obst- und Gemüsestände auf dem Marktplatz. Ihr rundes Kindergesicht hinter dem großen Spankorb, ihre blonden Zöpfe, ihre Schüchternheit brachten ihr Käufer ein. Die meisten Leute wußten, woher sie kam. Wir hatten viele Bekannte in Grulich. Schwierigkeiten gab es nur beim Geldwechseln. Aber wer hätte es schon übers Herz gebracht, ein Kind zu betrügen.

Stolz kam Gudrun dann mit dem leeren Korb heimgefahren und zählte uns das Geld vor, das sie eingenommen hatte, und wir lobten sie gebührend.

Wir Großen hatten nicht immer Zeit zu sehen, was die Kinder gerade taten und wo sie waren. Manchmal suchten wir dieses oder jenes Kind verzweifelt. Einmal war Sieglinde spurlos verschwunden. Sie war Gudrun, die auf sie aufpassen sollte, aus den Augen geraten. Zwei Jahre war die Kleine damals alt. Wir suchten gemeinsam das ganze Grundstück ab, vor allem aber das Teichufer. Denn die größte Gefahrenzone für unsere Kinder befand sich um den Gießteich und den großen Teich, solange sie nicht schwimmen konnten. Wir spähten in das klare Wasser. Nein, da war sie nicht. Wir durchsuchten die beiden nahen Bauernwäldchen, das Haus, die Ställe. Nichts. Wir riefen, wir schrien ihren Namen. Ich lief, sinnlos vor Angst, einfach in die Felder hinein, immer wieder das Kind rufend. Ich machte mir Vorwürfe, ich schwor mir, es niemals mehr aus den Augen zu lassen...

Da entdeckte ich den blonden Schopf hinter einem Kornfeld, das einem Nachbarn gehörte. Das hohe Korn hatte unsere Rufe verschluckt. Seelenruhig saß Sieglinde am Feldrand, in ein Spiel vertieft – ahnungslos, daß wir solche Angst um sie ausgestanden hatten.

Ein anderes Mal sorgte ich mich sehr um Freya, die zweite. Sieglinde und Gudrun waren krank. Ich hatte den Arzt kommen lassen müssen. Er verschrieb ein Medikament. Aber es gab keine Apotheke in Wichstadtl. Die wichtigsten Arzneien hatte der Arzt deshalb selber vorrätig. Marga war auf Urlaub, mein Mann war an diesem Tag auch nicht zu Hause. So nahm der Arzt Freya, die damals erst knapp fünf Jahre alt war, in seinem Wagen mit ins Dorf, gab ihr das Medikament und schickte sie wieder heim.

Den Heimweg kannte das Kind. Diese zwei Kilometer durch die Felder und Wiesen war es schon oft gegangen. Außerdem war es Sommer. Sorgen brauchte ich mir also nicht zu machen. Aber plötzlich zog, unheimlich schnell, ein Wetter auf, der Himmel verfinsterte sich, Blitze zuckten, Donnerschläge dröhnten, und dann gab es einen Wolkenbruch, wie wir ihn schon lange nicht mehr erlebt hatten. Regen prasselte nieder, dicht wie ein Vorhang. Man sah nichts mehr. Und mitten in diesem Unwetter wußte ich mein kleines Mädchen ganz allein auf dem Heimweg.

Ich ließ Sieglinde in Gudruns Obhut und rannte Freya mit einem Schirm entgegen. Als ob in einem solchen Unwetter ein Schirm Schutz geboten hätte! Im Nu war ich klatschnaß, aber das war mir gleichgültig. Wenn ich nur schnell zu Freya kam! Auf halbem Weg zum Dorf kam sie mir im Regen entgegen:

Das Wasser lief ihr aus den Haaren ins Gesicht, tropfte ihr aus dem Kleidersaum. Sie preßte mit der einen Hand das Arzneifläschchen fest an die Brust und hielt die andere Hand wie ein Dach darüber. Als sie mich erkannte, stolperte sie mir glücklich entgegen. Ihre einzige Sorge galt dem Fläschchen.
»Es ist aber doch ein bissel naßgeworden, Mutter...« stammelte sie.
Ein paar Tage später erzählte mir eine Frau, die am Dorfrand wohnte, sie habe Freya unmittelbar vor dem Ausbruch des Gewitters vorübereilen sehen. Da habe sie ihr zugerufen: »Aber Kind, du kannst doch jetzt nicht heimgehen! Du läufst ja genau in das Unwetter hinein. Komm herein und warte, bis es vorüber ist.«
Aber Freya habe nur den Kopf geschüttelt: »Die Mutter wartet doch auf die Medizin«, und sei weitergelaufen.
Mit den Kindern wuchs auch die Wichtigkeit der Feste in unserem Jahreskreis. Zu Ostern bemalten wir Erwachsenen Hühnereier und versteckten sie im Garten oder am Waldrand, je nachdem, ob und wo die Rosinkawiese schon schneefrei war. Oft stapften die Kinder noch durch den Schnee, wenn sie die Eier suchen gingen. Schokoladeneier gab es fast nie, höchstens als Geschenk von Freunden oder Verwandten, die uns an den Osterfeiertagen besuchten.
Jeder Geburtstag wurde feierlich begangen. Es gab ein paar kleine, meist selbstgebastelte Geschenke, vielleicht auch ein Paket von der Saarbrücker Großmutter und einen Kuchen mit der entsprechenden Anzahl von Lichtern. Die ganze Familie versammelte sich um das Geburtstagskind und sang ihm ein Gratulationslied. An diesem Tag stand es im Mittelpunkt der allgemeinen Aufmerksamkeit und Zuwendung. Den Kuchen verteilte es natürlich selbst.
Die alten Dorfbräuche, die hier im Adlergebirge noch lebten, schätzten wir sehr. Wir gingen mit unseren Kindern ins Dorf, nachdem die Burschen in aller Frühe des Ersten Mai den Maibaum aufgestellt hatten. Da gab es auch das Schmeckostern, die Kaiserkermest mit dem Hahnschlagen, das Sommersonnwendfeuer auf den Bergen und im Dezember die Umzüge von Nikolaus und Krampus.

An jedem Heiligen Abend, das heißt, schon an dessen frühem Nachmittag, schickten wir die Kinder für eine Stunde zu Bett, denn in der kommenden Nacht würden sie erst sehr spät einschlafen können. Während dieser Stunde schmückten wir Erwachsenen den Weihnachtsbaum in der Wohnküche. Er stand zwischen den Eckfenstern, in denen sich seine Lichter am Abend vielfältig spiegeln sollten. Sein Schmuck bestand nur aus weißen Kerzen und Lametta. Daneben, auf den ausgezogenen Eßtisch, legten wir die bescheidenen Geschenke. Meist hatten wir sie selber hergestellt: ein Dorf aus Holzresten, mit Ölfarbe bemalt, eine Stoffpuppe mit einem aufgenähten Kopf, immer wieder neue Puppenkleider, Ausschneidepuppen, selbstgezeichnete Bilderlottos, Malbücher, allerlei selbsterdachte Gesellschaftsspiele, ein Mikado aus Wurstspeilen. Das alles kostete nicht viel und machte doch Freude.
Sobald wir mit den Vorbereitungen fertig waren, weckten wir die Kinder – wenn sie, vor Aufregung schon zappelig, überhaupt schliefen! –, zogen sie warm an und setzten sie auf unseren langen Schlitten. Mein Mann zog sie, ich stapfte hinterher. So fuhren wir zusammen am Nachmittag jedes Heiligen Abends zu den Großeltern nach Wichstadtl. Das war Tradition.
Mein Schwiegervater pflegte vor jedem Weihnachtsfest eine handgeschnitzte »Christgeburt« mit mehreren hundert Einzelfiguren auf einem Treppengestell aufzubauen, das die ganze Längsfront eines Zimmers einnahm. Unsere Kinder waren fasziniert von dieser Szenerie und durften später, als sie etwas älter waren, auch beim Aufbauen mithelfen.
Sobald der erste Stern zu sehen war – so war es bei den Großeltern Sitte –, konnte die Bescherung beginnen. Der Großvater war ein begeisterter Bastler, Schnitzer und Hobby-Tischler. Immer fanden unsere Kinder seine kunstvollen Basteleien unter dem buntgeschmückten Baum. Einmal war es ein wunderschönes Schaukelpferd mit einem geschnitzten Kopf, das Du auf einem der beiliegenden Fotos siehst, einmal ein Stühlchen mit Sprossenlehne und Armstützen und Gudruns eingeschnitztem Namen, einmal für alle drei Kinder hölzerne Papageien mit

Bleiklumpen an den Schwänzen. Unermüdlich schaukelten diese bunten Vögel hin und her und drehten sich sogar, wenn man ihnen genügend Schwung gab, um sich selbst.
Nach dem traditionellen gemeinsamen Apfelstrudelessen kehrten wir auf die Rosinkawiese zurück – wenn wir Pech hatten, bei fürchterlichem Wetter. Ich erinnere mich an einen Weihnachtsabend, an dem uns auf dem Heimweg ein Schneesturm entgegenkam. Eisnadeln stoben uns ins Gesicht. Wir hatten Mühe, uns auf den Beinen zu halten. Kurzerhand deckten wir eine große Zeltplane über alle drei Kinder auf dem Schlitten. Auf diese Weise glitten sie zwar in völliger Dunkelheit, aber unbehelligt vom Sturm durch den Schnee und kamen wohlbehalten, wenn auch wimmernd vor Kälte, daheim an.
Dort feierten wir noch einmal Weihnachten – *unser* Weihnachten, das keinesfalls durch die großelterliche Vorbescherung an

Glanz verlor. Kaum hatten wir uns und die Kinder vom Schnee befreit und die Hände und Füße ein wenig angewärmt, klingelte ein Glöckchen. Feierlich-scheu betraten die Kinder den kerzenschimmernden Raum, tauten bei der Besichtigung der Geschenke aber bald auf und jubelten. Später setzten wir uns um den Baum und sangen Weihnachtslieder. Ich begleitete sie auf der Laute. Vor allem liebten wir die alten sudetendeutschen Weihnachtsgesänge. Und unsere Kinder sangen sie von klein auf mit.

Vor dem Schlafengehen ging mein Mann an jedem Weihnachtsabend mit den Kindern noch einmal in den Stall zu den Ziegen und gab jeder von ihnen ein Stück Brot zu fressen. Die Tiere, die uns anvertaut waren, sollten auch merken, daß es ein besonderer Tag war. Das begriffen die Kinder, die sich unserer Verantwortung für die Haustiere durchaus bewußt waren. Sie liebten die Ziegen, sie kannten die besonderen Charakterzüge jeder einzelnen Geiß, sie nannten sie beim Namen. Mußten wir uns von einer von ihnen trennen, gab es Tränen. Wurden Zik-

kel geboren, wurden sie bestaunt und mit Zärtlichkeit überschüttet. Die Rosinkawiese ohne Tiere – undenkbar!
Ich schicke Dir auch ein Foto mit, das Dir unsere ganze Familie zeigt, soweit sie damals schon gediehen war, zusammen mit Marga auf unserem Kinderspielplatz vor dem Anbau.
Herzliche Grüße und ein frohes Osterfest!

Deine Tante Elfriede

14

Hartershausen, den 14. April 1979

Lieber Michael,

auf meinen Geburtstag hat Dich sicher Deine Großmutter aufmerksam gemacht. Das sieht ihr so ähnlich. Jedenfalls danke ich Dir recht herzlich für alle guten Wünsche und für die Grüße Deiner Eltern.

Dir fällt eine gewisse Inkonsequenz auf in unserem Bemühen, Geld zu verdienen: Wir hatten Einwände gegen die Heranzucht von Blumenpflanzen für den Friedhof. Andererseits verkauften wir – unter anderem – Erdbeeren und Blumen und nahmen Sommergäste auf.

Dazu wäre zu sagen: Es gibt keine absolute Autarkie. Manche notwendigen Bedürfnisse können aus den Erzeugnissen des eigenen kleinen Landstücks nicht befriedigt werden. Man ist gezwungen, den überschüssigen Teil der eigenen Erzeugnisse einzutauschen, beziehungsweise in Geld als Tauschmittel umzuwandeln. Dies aber darf nicht dazu führen, daß der Gelderwerb zum Selbstzweck wird.

Insofern fanden wir, daß die Heranzucht einiger tausend Blumenpflanzen den Rahmen unseres Selbstversorgersystems gesprengt hätte, vorausgesetzt, der kalte Winter hätte uns nicht schon selbst einen Strich durch die Rechnung gemacht. Dagegen betrachteten wir den Verkauf von Erdbeeren und Blumen als Eintausch der überschüssigen Produkte unserer Anlage.

Und wie stand es mit unseren Sommergästen? Ja, als wir uns entschlossen, sie aufzunehmen, blieb uns gar keine Wahl – wir brauchten Geld für die Abzahlung unseres Darlehens, gleichgültig, ob die Art, es zu erwerben, dem System unserer Idee entsprach oder nicht.

Die Sommergäste brachten uns so viel ein, daß wir unsere

Schulden ohne Verzug weiter abzahlen konnten. Mit den Erträgen aus den Erdbeerernten, die sich von Jahr zu Jahr noch etwas steigerten, deckten wir knapp die übrigen Ausgaben.
Aber die Kinder wurden älter, sie verursachten mehr Kosten, und dazu kam, daß ich wieder schwanger war. Bald würde das wenige Geld, das wir jetzt einnahmen, wieder nicht reichen.
Auch wenn die Kinder den ganzen Sommer über barfuß liefen und die Jüngeren die Kleidung und Schuhe der Älteren übernahmen. Auch wenn uns unsere Verwandten und Freunde, darunter Deine Großmutter, die abgetragenen und zu klein gewordenen Sachen ihrer Kinder schickten. Auch wenn ich mir aus den noch guten Stücken zweier alter Kleider ein neues Kleid schneiderte und alte Pullover nicht wegwarf, sondern sie aufzog und aus der Wolle Kindersachen strickte. Auch wenn ich den Kindern aus alten Stoffresten Winterpantoffeln nähte.
Es entstanden so viele unvorhergesehene Ausgaben. Da gab es Hausreparaturen: eine zerbrochene Scheibe, ein Schloß, das nicht mehr schließen wollte, undichte Stellen am Dach und – die Quelle ewiger Probleme – die Lichtleitung. Es waren Schwangerschaftsuntersuchungen nötig, und die Hebamme wollte bezahlt sein. Ich brauchte eine neue Brille. Mein Mann und ich mußten ab und zu den Zahnarzt aufsuchen. Schließlich kamen wir nicht darum herum, uns auch mal ein Paar Schuhe oder einen Mantel zu kaufen. Nicht alles ließ sich selber machen.
Alle drei kleinen Mädchen bekamen Masern, Röteln, Keuchhusten, eine von ihnen sogar Diphterie. Diese Angst vor den Arztrechnungen! Denn wir waren in keiner Krankenversicherung. Damals war das noch nicht selbstverständlich. Für solche Fälle legte man sich, so man konnte, eine Summe auf die hohe Kante. Wir konnten das nicht. Wir hatten alle erdenkliche Mühe, solche Ausgaben wieder aufzufangen.
Wie glücklich hätten wir auf unserer Rosinkawiese leben können, wie sehr hätten wir sie genießen können, wenn uns die ewigen Geldprobleme nicht so bedrückt hätten! In den mehr als zehn Jahren, die wir nun auf ihr wohnten, hatte sie sich aus einer unfruchtbaren, vermoosten Wiese in einen schönen Gar-

ten rings um den Teich verwandelt. Die Pappelreihe war hochgeschossen, auch die Tannenschonung bildete bereits eine breite und dichte Hecke, die Birken neigten sich über das Teichufer, die Obstbäume, die die harten Winter überstanden hatten, bildeten Reihen stattlicher Kronen und begannen Früchte zu tragen, und rings um das Haus blühte es vom Frühling bis zum Herbst. Auf der Terrasse wuchs sogar eine Weinrebe, dicht an der südlichen Giebelwand des Hauses, wo sie von der Sonne gewärmt wurde. Mein Mann hatte sie, dem Klima zum Trotz, dort hingepflanzt und pflegte sie liebevoll, in der hochgesteckten Erwartung, eines Tages werde sie Trauben tragen und damit die Ironie im Namen unserer Siedlung aufheben.

Die Wichstädter, die an Sonntagnachmittagen vorüberspazierten, staunten: Was man doch aus einer so elenden Wiese alles herausholen konnte! Wer hätte sich das träumen lassen?

Ich lege Dir ein Foto bei, das Dir zeigt, wie sich die Rosinkawiese inzwischen verändert hatte.

Aber die Schönheit allein brachte kein Geld ein. Wir erkannten: So konnte, so durfte es nicht weitergehen!

Ich ergriff die Initiative. Ich schrieb an Freunde, schilderte ihnen unsere Schwierigkeiten, unsere Lage, und fragte an, ob es in ihrem Einflußbereich irgendwo eine Möglichkeit für meinen Mann gäbe, während des Winters zu arbeiten, um Geld dazuzuverdienen.

»Diesen Brief hättest du dir sparen können«, sagte mein Mann. »Als Deutscher habe ich keine Chancen, hier in der Tschechei bei dieser Arbeitslosigkeit eine Stellung zu finden. Die meisten Arbeitslosen sind Deutsche. Warum sollte gerade *ich* Glück haben? Ich mache mir nicht die leisesten Hoffnungen.« Aber wir hatten Glück: Unsere Freunde vermittelten ihm tatsächlich eine Winterarbeit. Von November bis Februar sollte er an einer Art Volkshochschule für deutsche Jungbauern in je vierwöchigen Kursen Fächer unterrichten, die in sein Berufsgebiet fielen. Die Schule lag so weit von uns entfernt, daß er nur ab und zu heimkommen konnte. Und die Bezahlung, die man ihm anbot,

war auch nicht großartig. Aber sie konnte doch unsere Sorgen dämpfen und uns etwas Sicherheit geben.
Es fiel meinem Mann schwer, sich von uns zu trennen, wenn es auch nur ein Abschied für einige Wochen war. Für ihn waren die Jahreszeiten mit der Rosinkawiese verbunden. Was war ihm ein Winter ohne unsere Rauhreifbirken, unsere eisglitzernden Trauerweiden, ohne das Schlittengeläut auf der Landstraße und ohne die Eismänner auf dem Teich? (Ein – allerdings recht laienhaftes – Foto von unserem Haus im Winter lege ich dazu.) Was würden die Kinder sagen, wenn er nicht mit ihnen Ski und Schlitten fuhr? Während der härtesten Winterwochen mußte er mich mit den Kindern in dem einsamen Haus alleinlassen, mir alle Arbeit aufbürden, die wir sonst zu zweit getan hatten, und wußte mich ohne männlichen Beistand, wenn es darum ging, morgens die Haustür freizuschaufeln, damit Gudrun in die Schule gehen konnte, oder wenn bei anhaltenden Schneestürmen jemand ins Dorf gehen mußte, um dringende Einkäufe zu erledigen.
Ausgerechnet in jenem Herbst verließ uns Marga, die mir eine so liebe Freundin geworden war. Sie hatte im vorangegangenen Jahr einen jungen Mann kennengelernt, als er sich unsere Siedlung angesehen hatte. In Nordböhmen hatte er selbst begon-

nen, eine Siedlung aufzubauen, und fand in Marga eine ideale Frau, die mit dem Siedlerleben vertraut war. So leid es uns tat, daß sie uns verließ, so sehr freuten wir uns doch für sie, daß sich ihre Wünsche erfüllten.

Aber der Hauptgrund der Angst, die wir beide, mein Mann und ich, vor diesem Winter hegten, war meine erneute Schwangerschaft. Ich *konnte* nicht alleinbleiben!

Ich mußte mir ein Mädchen aus dem Dorf nehmen, um Margas Arbeitskraft und die meines Mannes einigermaßen ersetzen zu können und mit der Einsamkeit fertigzuwerden. Es gab viele Bauernmädchen, die gern bereit waren, für Kost und Unterkunft und ein paar Kronen irgendwo zu arbeiten. Sie hatten ja keinen Beruf erlernt, und daheim mußten noch all die jüngeren Geschwister durchgefüttert werden. Die Eltern waren froh, wenn sie für die schulentlassenen Töchter nicht mehr zu sorgen brauchten.

So kam Irmgard zu uns, ein fünfzehnjähriges, etwas launenhaftes Mädchen, das an Heimweh litt und überhaupt bei jeder Gelegenheit in Tränen ausbrach. Nicht gerade eine aufmunternde Gesellschaft für unsere Einsamkeit! Da mußte ich mich schon eher an meine Kinder halten.

Glaube nur nicht, daß wir uns vor dem zu erwartenden Kind

fürchteten. Nein, wenn auch die Umstände denkbar ungünstig waren, so freuten wir uns doch sehr auf unser neues Familienmitglied. Wir hatten die Empfängnis nie zu vermeiden gesucht. In dieser Hinsicht waren wir voller Zuversicht und Vertrauen. Irgendwie würden wir auch vier Kinder durchbringen, wenn wir bisher drei durchgebracht hatten.

Heute denke ich, was dieses Problem betrifft, ganz anders. Die Zeit hat sich gewandelt, ich selbst habe mich gewandelt. Wir Menschen sind inzwischen an die Grenzen der Belastbarkeit unserer Erde gelangt. Heute würde ich nicht mehr unbekümmert so viele Kinder in die Welt setzen. Aber nun, da ich sie habe, möchte ich natürlich keines von ihnen missen, und keines wünsche ich ungeboren.

Diesmal erhofften wir uns doch sehr einen Jungen. Wir erwarteten die Entbindung schon für Ende Januar. Ich war voller Unruhe. Allein da draußen mit den drei Kindern und einem jungen Mädchen, das selber fast noch ein Kind war! Was, wenn die Wehen, wie immer bei mir, mitten in der Nacht begannen? Ich bat eine Frau aus dem Dorf, bei uns zu schlafen.

Am letzten Januarwochenende kam mein Mann heim, in der Hoffnung, er könne das Kind schon begrüßen. Aber es ließ sich Zeit. Für die Tage, die nun mein Mann bei mir war, schickten wir die Frau heim.

»Es *kann* doch nicht mehr lange dauern«, meinte er und brachte mich noch einmal ins Dorf zum Arzt, denn die Vorstellung, mich in einigen Tagen in diesem Zustand wieder allein lassen zu müssen, beunruhigte ihn sehr.

Der Ausflug nach Wichstadtl zu Fuß durch die Schneewehen und über glatte Eisflächen war kein ungefährliches Unternehmen. Schritt für Schritt führte mich mein Mann und brachte mich schließlich auch sicher zum Arzt. Der stellte fest, daß die Geburt unmittelbar bevorstand. Die Wehen konnten jederzeit einsetzen.

Darauf rief mein Mann in der Bauernschule an, schilderte die Situation und bat um ein bis zwei weitere Tage Urlaub. Er bekam ihn, und wir wanderten, beide erleichtert, wieder heim. Auf dem Rückweg kamen wir auch am Häuschen der Heb-

amme vorüber. Sie winkte uns, kam herausgelaufen und verkündete uns, sie habe eben im Kaffeesatz gelesen, es werde wieder ein Mädchen sein.
Wir lachten.
»Vor sieben Wochen«, sagte mein Mann, »hat mir der Nikolaus auf der Weihnachtsfeier in der Bauernschule noch etwas ganz anderes prophezeit:

›... und er hört, o welche Pein,
auch schon einen Zwilling schrein!‹«

»Nein«, sagte die alte Güntnern mit einem sachkundigen Blick, »Zwilling wird's keiner, aber ein Mädchen. Darauf können Sie sich ruhig schon einstellen.«
Die Expedition ins Dorf schien dem Kind wohl den noch nötigen letzten Schub gegeben zu haben. Jedenfalls ging es kurz nach Mitternacht los. Mein Mann wollte sich die Skier anschnallen und ins Dorf fahren, um die Hebamme zu holen. Aber ich merkte, daß es diesmal zu einer sehr schnellen Geburt kommen würde, und bat ihn, dazubleiben. So schickten wir Irmgard, das junge Mädchen, in die Nacht hinaus, ungern zwar, aber es blieb uns keine andere Möglichkeit. Irmgard jammerte über starke Leibschmerzen. Wahrscheinlich entsprangen sie ihrer Angst vor der Dunkelheit, durch die sie sich jetzt bis ins Dorf durchschlagen sollte. Sie war ein so schreckhaftes Geschöpf.
Als sie jammernd bei der Hebamme ankam, kochte die ihr erst einmal einen Tee gegen die Leibschmerzen und machte sich dann auf den Weg. Aber im Neuschnee konnte sie mit dem Motorrad nicht vorankommen. Sie mußte umkehren und sich die Skier anschnallen.
Inzwischen warteten mein Mann und ich in höchster Aufregung auf die Ankunft der Güntnern, denn das Kind wollte heraus, es ließ sich nicht mehr zurückhalten. Immer wieder lief mein Mann vor die Haustür und lauschte in die Nacht hinaus. War Irmgard irgendwo unterwegs nicht weitergekommen? Hatte sie die Hebamme nicht erreicht?
Schließlich weckte er Gudrun, die knapp Neunjährige, und

schickte sie ebenfalls ins Dorf. Schlaftrunken, aber mit Stolz erfüllt ob der Wichtigkeit ihres Auftrags, fuhr sie auf Skiern in die Finsternis hinein. Aber schon unterwegs traf sie die Hebamme und Irmgard und kehrte mit ihnen zurück.
Als die Güntnern in unsere Wohnstube rauschte, war das Kind schon da – ein Junge. Mein Mann hatte Hebammendienste geleistet. Er hatte schon oft bei Tiergeburten geholfen, und im Prinzip verläuft ja die Geburt eines Menschenkindes ähnlich. In den entscheidenden Augenblicken blieb er sehr ruhig, deckte den Kleinen zu und wartete dann mit mir zusammen, bis die Hebamme eingetroffen war und mich und das Neugeborene versorgte.
Mit den Erträgen aus der Erdbeerernte, der Aufnahme von Sommergästen und den Winterkursen meines Mannes schlugen wir uns nun schlecht und recht durch. Noch immer steuerte die Wichstädter Großmutter dann und wann ein paar Luxusnahrungsmittel wie Butter, Rosinen, Weizenmehl, Gewürz und Eier bei und gab uns von der Honigernte ab. Mit Vergnügen huschte Gudrun auf dem Schulweg oder nach dem Einkauf bei ihr vorbei. Dann steckte sie ihr jedesmal irgendeinen Leckerbissen zu, ein Honigbrot oder eine Quarkschnitte mit Butterstückchen darauf oder eine Handvoll Haferbirnen.
Auch die Saarbrücker Großmutter war unermüdlich für die Kinder tätig: Nun hatte sie vier Enkel zu bestricken! Ihre üppigen Weihnachtspakete wurden jedes Jahr mit großem Jubel empfangen. Neue Textilien waren allerdings zollpflichtig, denn sie mußten ja die deutsch-tschechische Grenze passieren. Und so errang die Großmutter nach und nach besondere Fähigkeiten in der Kunst, neue Sachen alt erscheinen zu lassen. Da wurde in schmutziger Waschlauge gewaschen, durch den Kehricht gezogen, Staub daraufgepustet! Für uns war das bittere Notwendigkeit. Wir hätten den Zoll ja nicht bezahlen können.

So, nun Schluß für heute. Ich will das günstige Wetter ausnutzen und noch eine Weile im Garten arbeiten.

Deine Tante Elfriede

15

Hartershausen, den 18. April 1979

Lieber Michael,

das Jahr 1937 wurde für uns ein Jahr der Wende. Wir hatten jetzt vier Kinder. Uns beiden, meinem Mann und mir, war im Lauf der gemeinsamen zwölf Jahre auf der Rosinkawiese immer klarer geworden, daß diese Siedlung niemals unseren vollen Lebensunterhalt decken konnte, so ideal wir uns das auch gedacht hatten. Wir wurden älter, unsere Kinder wurden älter. Wir konnten es uns nicht mehr leisten, um eines immer utopischer erscheinenden Ideals willen von der Hand in den Mund zu leben. Wir brauchten wenigstens für die Kinder ein Minimum an Sicherheit.

Und so nahmen wir Abschied von unserem Traum einer Lebensreform, deren Voraussetzung eine autarke Siedlung hätte sein sollen. Mein Mann erfuhr von der Möglichkeit, in Deutschland als Landwirtschaftslehrer zu arbeiten. Lehrer an Landwirtschaftsschulen wurden dort dringend gesucht. Dazu fehlte ihm nur ein Semester pädagogischer Ausbildung, die in München-Pasing angeboten wurde.

Wir überlegten hin und her: Sollten wir ganz nach Deutschland hinüberziehen? Das hieß, die Rosinkawiese, unser Zuhause, aufgeben. Oder mußte mein Mann das Opfer auf sich nehmen, fern von uns zu arbeiten und nur ab und zu auf Urlaub heimzukommen – sozusagen als Gastarbeiter leben, um der Familie auf der Rosinkawiese eine sorgenfreie Existenz zu sichern?

So schwer es uns fiel, die Rosinkawiese zu verlassen, fanden wir doch, daß die Familie zusammenbleiben müsse. Deshalb kamen wir überein, daß ich mit den Kindern meinem Mann nachfolgen solle, sobald er seine Ausbildung hinter sich und eine feste Anstellung als Landwirtschaftslehrer gefunden habe. Er ging also nach München, absolvierte auf der Pädagogischen

Hochschule das vorgeschriebene Semester und schloß es mit einer Prüfung ab.
Während dieses Sommers mußte ich auf der Rosinkawiese mit allem allein fertig werden. Wieviel Arbeit fiel doch im Sommer an! Ich schlug mich eben durch, so gut es ging. Meine Schwiegermutter konnte nicht mehr einspringen, sie war inzwischen zu alt geworden. Einzige Hilfe war mir – außer unserem treuen Nachbarn, dem Pietsch Johann – ein junges, fleißiges Bauernmädchen. Nein, nicht mehr Irmgard. Die hatte es nicht lange in unserer Einsamkeit ausgehalten. Jetzt war Minke bei uns, schon etwas älter, arbeitserfahrener und selbständiger. Trotzdem blieb viel Arbeit liegen. Ich mußte mich ja vor allem um die Kinder kümmern. Du siehst mich mit ihnen auf dem beiliegenden Foto.
Eine Nacht im Frühherbst brachte mir einen Schrecken, der sich schnell in Freude verwandelte: Ich schlief damals – ich weiß nicht mehr, warum – mit den beiden jüngsten Kindern im Zimmer neben der Wohnküche. Wenn der Wind nicht wehte, der Sturm nicht heulte, war es rund um unser Haus während der Nächte geradezu unheimlich still. Im Herbst quakten nicht

einmal die Frösche im Gießteich oder im großen Teich. Nachts fuhr so gut wie nie ein Pferdegespann, ein Auto oder ein Lastwagen über die Landstraße hinter dem Teich. Nachts verstummten auch die Vögel.

An solche Stille gewöhnt, fuhr ich gegen Morgen plötzlich auf, geweckt durch ein Geräusch. Ich hatte wegen der Kinder einen leichten Schlaf. Wenn eines von ihnen sich rührte, war ich sofort wach. Aber dieses Geräusch kam nicht von den Kinderbetten her, sondern vom Fenster.

Wir schliefen fast das ganze Jahr über bei offenem Fenster. Ich hörte deutlich an der Hauswand etwas kratzen und schaben, es klang, als wolle jemand zum Fenster heraufsteigen. Das war nicht schwierig. Die Kinder kletterten oft zu den Fenstern des unteren Stockwerks hinaus und hinein.

Und wirklich: Jetzt erschien ein dunkler Schatten vor dem kaum dämmernden Himmel, der Umriß eines Kopfes. Wer wollte da in unser Haus eindringen? Der Schreck lähmte mich und machte mich stumm. Mein einziger Gedanke war: Wie rette ich die Kinder?

Da tönte vom Fenster her ein fröhliches »Guten Morgen!« Es war die Stimme meines Mannes.

Ich konnte es so schnell gar nicht fassen. Mein Mann? Wo kam er her? Er hatte sich nicht angemeldet. Ich hatte ihn nicht erwartet. Ich glaubte ihn in München.

»Was – du?« stammelte ich.

Da sprang er lachend zum Fenster herein.

Erst jetzt kam ich richtig zu mir. Die Angst fiel ab, ich glaubte, was ich sah, wir flogen einander in die Arme. Gleichgültig, wo er herkam und wie er hergekommen war – er war da! Er war bei mir! Ich war nicht mehr allein! Eine unbändige Freude erfüllte mich.

Er hatte nach der Beendigung seiner pädagogischen Ausbildung bei einer landwirtschaftlichen Ausstellung in München als Führer durch die Messehallen unerwartet etwas Geld verdient und hatte sich daraufhin entschlossen, vor dem Antritt seiner ersten Stelle noch schnell einen kurzen Urlaub daheim zu machen. Das Heimweh und die Sehnsucht nach uns hatten ihn nachts, als er keine sofortige Zugverbindung fand, von Mittelwalde aus, der letzten Station auf reichsdeutscher Seite vor der Grenze, zu Fuß über den Grenzberg zu uns herübergetrieben. Das bedeutete zwei Stunden Fußmarsch. Aber dafür war er auch ein paar Stunden früher daheim. Für ihn und auch für mich hatte sich dieser Zeitgewinn gelohnt.

Mein Mann litt sehr unter der Trennung. Er versuchte, eine Anstellung in Schlesien zu bekommen, und erhielt sie auch: Er sollte Lehrer an einer Landwirtschaftsschule in Breslau werden.

Nun konnten wir die Übersiedlung der gesamten Familie einleiten. Da wir uns nicht hatten entschließen können, die Rosinkawiese zu verkaufen, suchten wir nach Pächtern. Wir fanden ein junges Paar aus einem Nachbarort, das die Rosinkawiese gegen einen geringen Pachtzins übernehmen wollte. Und so übersiedelten wir im Winter 1937/38 in eine Mietwohnung in Breslau, blieben dort aber nur bis Ostern 1938, weil mein Mann nach Festenberg an der polnischen Grenze versetzt wurde. Wir atmeten auf, als wir die Großstadt verlassen konnten, das mehrstöckige Mietshaus, die enge Straße, die Anonymität. In der Kleinstadt Festenberg mieteten wir eine Wohnung in einem ländlichen Haus mit Garten. Obwohl wir uns hier wohler fühlten als in Breslau, sehnten wir uns doch zurück auf unsere Rosinkawiese.

Einen furchtbaren Schlag versetzte meinem Mann die Nachricht vom Tod seines Vaters, und auch ich und die Kinder litten unter diesem Verlust. Mein Schwiegervater war der Mittelpunkt der Großfamilie gewesen. Er hatte den jüngeren Generationen Erfahrungen übermittelt, hatte Ratschläge gegeben, hatte geholfen, wo und wie er konnte.

Es war ein bewegtes Jahr, nicht nur für uns. Über dem Sudetenland lagen die Schatten der politischen Entwicklung. Im Herbst wurde es dem Deutschen Reich, wie es damals hieß, angegliedert. Für uns brachte diese Wendung eine sehr erfreuliche Konsequenz mit sich: Wir konnten wieder heimkehren. Jetzt war es für Deutsche nicht mehr schwierig, im Sudetenland Arbeit zu finden, und auch in der Umgebung von Wichstadtl eröffneten sich für den Berufszweig meines Mannes viele Möglichkeiten. Wir kehrten schon kurz nach der Angliederung nach Wichstadtl zurück. So schnell wie möglich wollten wir wieder auf der Rosinkawiese sein. Das Haus stand leer. Die Pächter hatten es noch vor Einbruch des Winters verlassen und waren ins Dorf gezogen.

»*Ein* Winter da draußen genügt uns«, sagten sie und waren froh, als sie die Rosinkawiese wieder loswurden.

In Mährisch-Trübau, etwa 40 km südlich von Wichstadtl, wurde mein Mann Wirtschaftsberater bei der Kreisbauernschaft: eine feste, gut bezahlte Stellung, die ihm Freude machte. Von nun an konnten wir gelöst und unbesorgt unsere immer schöner werdende Rosinkawiese genießen. Es war nicht etwa so, daß wir jetzt im Überfluß hätten leben können. Aber wir brauchten keine Sommergäste mehr zu nehmen, konnten eine Mißernte verkraften, konnten uns eine zusätzliche Hilfskraft leisten, wenn die Erntezeit kam.

Ja, unsere älteste Tochter konnten wir sogar aufs Gymnasium schicken. Wir mußten sie dazu zwar im siebzig Kilometer entfernten Schulort unterbringen. Das war eine zusätzliche Belastung. Aber es fiel uns jetzt nicht mehr schwer, sie zu bewältigen.

Wir konnten uns auch ein Radio leisten, einen Volksempfänger, um die Neuigkeiten der Welt zu erfahren. Was sich in diesen Jahren bereits politisch angebahnt hatte, überschauten wir allerdings trotz des Radios noch nicht. So sehr wurden wir absorbiert von unserem Mikrokosmos Rosinkawiese.

Die Bequemlichkeiten, die Erleichterungen mußten wir allerdings damit bezahlen, daß mein Mann das ganze Jahr über nur an den Wochenenden heimkommen konnte. Die Bahnverbindung nach Mährisch-Trübau war ungünstig und trotz geringer Entfernung mit mehrmaligem Umsteigen verbunden. Und an einen eigenen Wagen war vorerst nicht zu denken.

Aber diese Wochenenden verliefen dann wunderbar gelöst und harmonisch, nicht zernagt von Grübeleien, wie es weitergehen solle. Voller Freude holten die Kinder den Vater vom Bahnhof in Lichtenau ab, und ich wartete in Ungeduld, bis ich ihn mit

dem Jüngsten auf den Schultern zwischen den Stämmen der Ahornbäume auf der Landstraße erkennen konnte.
Die Kinder genossen den Vater an diesen Wochenenden! Da war er ganz für sie da, genoß auch sie. Er turnte mit ihnen, erzählte ihnen aus seiner Kindheit und aus der Geschichte des Dorfes, erklärte ihnen, wie ein Samenkorn entsteht und was in ihm vorgeht, während es keimt. Er lehrte sie die einzelnen Namen und Kennzeichen der Bäume. Er pflanzte jedem Kind einen Baum, *seinen* Baum, er übte mit ihnen Schwimmen, er ließ sie auf die Pappeln klettern. Er ging sogar mit ihnen ans Ufer der Adler, um sie Krebse fangen zu lehren. Das war zur Zeit seiner Kindheit ein beliebter Sport gewesen. Mit einer ansehnlichen Beute kehrten sie heim. Aber als ich die Krebse lebendig in kochendes Wasser werfen sollte, streikte ich. Das mußte er schon selber tun.
An einem dieser Wochenenden wurde er, unbeabsichtigt, auch einmal zum Schutzengel seines Sohnes, den er bei dieser Gelegenheit wahrscheinlich vor einer ernstlichen Verletzung, wenn nicht sogar vor dem Tod bewahrt hat: Ich kramte auf dem »Oberboden«, dem Dachboden, herum. Der Junge, zwei Jahre alt, kam mir über die steile Treppe nachgeklettert. Es war Abend. Er hatte nichts an als ein Nachthemd. Er wollte seine Trommel holen, die sich aus einem mir nicht mehr erinnerlichen Grund auf dem Dachboden befand. Freudestrahlend entdeckte er sie, hängte sie sich um und trommelte. In seiner Begeisterung trat er zurück und kippte kopfüber in den Treppenschacht hinunter, der zweieinhalb Meter tief war. Ich sah ihn fallen, aber bis ich hinzugesprungen war, um ihn festzuhalten, war er schon verschwunden.
Merkwürdigerweise hörte ich keinen Aufschlag. Am Fuß der Treppe war nämlich in diesem Augenblick ganz zufällig mein Mann erschienen, um auch zu mir auf den Dachboden zu steigen. Ihm fiel das Kind samt der Trommel genau in die Arme. Als ich schreckensbleich die Treppe heruntergestiegen kam, stand der Vater mit dem brüllenden Sohn im Arm lachend da. Er tropfte: Vor Schreck hatte ihn der Junge naßgemacht.
An schönen Tagen unternahmen wir wie früher lange Wande-

rungen, jetzt auch über die Grenze, die nicht mehr bestand, hinüber in den Glatzer Kessel. Gudrun war schon alt genug, um die Schönheit der Landschaft zu empfinden. Die Kleineren sahen vorerst nur deren Spielwert: die Kletterbäume, die Steine in den Wildbächen, die Hangwiesen zum Kugeln und Purzelbaumschlagen.

Zu Weihnachten schenkte ihnen der Vater ein Kaninchenpärchen, das sich schnell vermehrte. Auch zwei Schafe fanden sich ein.

Ich wurde wieder schwanger. Kurz vor Kriegsbeginn kam unser fünftes Kind zur Welt, wieder ein Mädchen.

Mit der Gartenarbeit wurden wir nun ganz gut fertig. Über die Wochenenden und in seiner Urlaubszeit half mein Mann mit. Das Hacken und Jäten konnten jetzt die Kinder schon selbständig übernehmen. Auch bei der Obst- und Erdbeerernte nahmen sie mir viel Arbeit ab. Beim Mähen der Wiesenstücke half mir der Nachbar, soweit mein Mann es nicht selbst tun konnte. So wurden die größeren Wiesen zweimal im Jahr gemäht, die kleineren von den Ziegen und Schafen abgeweidet. Viele schwere Arbeiten aus der Anfangszeit der Rosinkawiese erübrigten sich inzwischen, so vor allem das Rigolen. Gewiß, es kamen Jahr für Jahr beim Umgraben immer noch viele Steine zum Vorschein, die aufgelesen und weggeschafft werden mußten. Aber mit dem Urbarmachen der Sumpfwiese während der ersten Jahre, als wir es an manchen Tagen trotz härtester Arbeit nur geschafft hatten, ein paar Quadratmeter Erde auf eine Tiefe von drei Spatenstichen von Geröll und uralten Baumwurzeln zu säubern, hatte das wenig zu tun.

Unsere Gartenerde war auch jetzt, nach vierzehn Jahren, noch nicht fruchtbar zu nennen, aber sie brachte doch schon weit mehr zustande als am Anfang: gutes, kräftiges Gemüse, starken Rhabarber, üppige Blumen, ja sogar Sojabohnen – eine Pflanze, mit der sich mein Mann immer wieder beschäftigte. Und wenn auch die beiden Trauerweiden vor dem Haus an Wassermangel eingegangen waren, so flankierten jetzt statt ihrer zwei Zypressen die Terrasse. An der sonnenbeschienenen Südwand unseres Hauses brachte die Weinrebe in einem der

letzten Sommer tatsächlich ein paar kümmerliche Trauben zustande, die allerdings nicht ausreifen konnten, weil der Winter viel zu früh einsetzte. Diese Weinrebe war sozusagen das Symbol unserer Idee.
Unser vorerst einziger Junge, der nach seinem Vater Siegfried hieß, war nun zweieinhalb Jahre alt. Er war ein zartes Kind, ein Träumer wie sein Vater. Mein Mann projizierte seine Träume und Wünsche in ihn, den Sohn. Er hoffte wohl darauf, daß der Junge die Idee des Siedelns und der Lebensreform übernehmen und unter einem besseren Stern in die Wirklichkeit umsetzen würde.
Aber es sollte anders kommen. Eine Woche nach der Geburt unserer vierten Tochter brach der Krieg aus. Noch ein knappes, ruhiges, schönes Jahr blieb uns, dann wurde mein Mann Soldat. Nicht ahnend, daß der Krieg so schrecklich, so vernichtend enden sollte, wagten wir noch ein sechstes Kind. Es wurde im zweiten Kriegsjahr geboren. Ein Junge.
Sei für heute herzlich gegrüßt!

Deine Tante Elfriede

16

Hartershausen, den 22. April 1979

Lieber Michael,

sechs Kinder hatten wir nun also, und sie blieben alle leben trotz der Katastrophe, die uns erwartete.
Abgesehen davon, daß mein Mann im Feld fast ständig in Lebensgefahr war, ging es uns dank unserer Rosinkawiese den ganzen Krieg über gut. Jetzt bewährte sich unsere Idee einer autarken Siedlung. Während für die Mitbürger, die weder Landwirtschaft noch Gemüsegarten besaßen, die Lebensmittelrationen immer knapper wurden, hatten wir genug zu essen. Wir konnten sogar unseren Verwandten und Freunden Gemüse und Kartoffeln abgeben.
Meine Kinder halfen mir, die Gartenarbeit zu bewältigen. Sie waren ja jetzt schon älter und kräftiger. Auf dem einen Foto kannst Du sie bei der Heuernte sehen.

Ein ukrainisches Mädchen wurde uns als Hilfskraft vermittelt, ein fleißiges und warmherziges junges Ding, das man zwangsweise von daheim deportiert hatte. Wir waren darüber entsetzt und versuchten gutzumachen, was nur gutzumachen ging. Ich nahm Kontakt mit ihren Eltern auf und schrieb ihnen, daß wir uns bemühen würden, Anna bei uns eine vorläufige Heimat zu geben.
Sie war erst sechzehn Jahre alt, als sie zu uns kam. Sie blieb vier Jahre bei uns. Vor allem unsere beiden jüngsten Kinder hingen mit großer Liebe an ihr, und sie an ihnen. Ich konnte ihr so vertrauen, daß ich, als mein Mann verwundet worden war und in einem Lazarett in Metz lag, ein paar Tage mit dem jüngsten Mädchen dorthin zu reisen wagte. Anna paßte treulich auf den Kleinsten auf, der zu der Zeit noch nicht ein Jahr alt war. Ich habe eine Aufnahme beigefügt, auf der Du sie mit ihm siehst.
Sie stammte vom Land. Sie wußte mit Tieren umzugehen. Das kam uns zugute. Einmal erkrankte eines unserer Schafe. Es fraß nicht mehr und wurde immer schwächer.
»Hafer muß es bekommen«, sagte Anna.
Hafer? Das wollte ich nicht glauben. Ich versuchte dies und

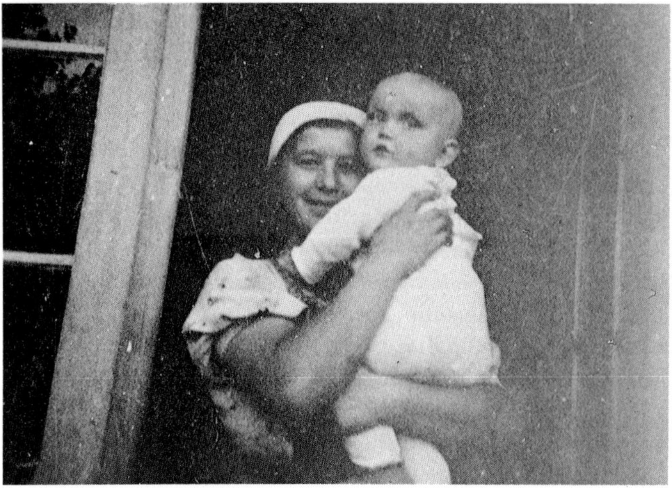

das, fragte unseren Nachbarn um Rat, erkundigte mich bei anderen Bauern. Aber im Adlergebirge hielt man schon lange keine Schafe mehr. Man verstand sich nicht mehr auf sie. Ziegen, ja, und Kühe, mit denen kannte sich jeder Bauer, jeder Häusler aus. Aber Schafe waren den Leuten fremd.
Am nächsten Morgen lag das Schaf matt im Stall und rührte sich kaum mehr. Da rannte Anna zum Pietsch Johann und kam mit einer Tüte voll Hafer zurück. Auf der flachen Hand hielt sie dem kranken Tier Haferkörner hin. Und siehe da – es fraß sie! In kurzen Zeitabständen gab ihm Anna immer wieder eine Handvoll Hafer zu fressen, und man konnte richtig sehen, wie es sich erholte.
In Wichstadtl wurde in der leerstehenden Fabrik ein Kriegsgefangenenlager eingerichtet. Alle Bauern, die einen Knecht brauchten und auch bereit waren, ihn durchzufüttern, konnten einen Antrag auf einen Kriegsgefangenen als Arbeitskraft stellen. Auch ich stellte ihn. Schließlich hatte die Rosinkawiese dringend eine männliche Arbeitskraft nötig. Früher hatte mein Mann über die Wochenenden und während seines Urlaubs alle schwere Arbeit erledigt. Die war jetzt zum großen Teil liegengeblieben.
Für den Fall, daß nicht alle Gefangenen in der Landwirtschaft gebraucht würden, sollte ich einen bekommen. Und so kam eines Tages ein Transport französischer Kriegsgefangener an und wurde auf den Marktplatz des Dorfes gebracht. Die Bauern wurden zusammengerufen und aufgefordert, sich einen Gefangenen auszusuchen. Es muß ähnlich wie auf einem Sklavenmarkt zugegangen sein. Ein Dolmetscher informierte die Interessenten über die Berufe der einzelnen Gefangenen. Natürlich rissen sich unsere Bauern um die Landwirte und Landarbeiter. Denen brauchten sie nicht erst umständlich alle ländlichen Arbeiten beizubringen.
Es blieb einer für uns übrig, ein einundzwanzigjähriger Student aus Paris. Für die Länge eines Sommers wurde er morgens gebracht und abends wieder abgeholt. Den ganzen Tag über konnte er vergessen, daß er Gefangener war, und auch wir vergaßen es. Freilich, er hatte noch nie in einem Garten gearbeitet,

aber er war interessiert und anstellig, er war fleißig und umsichtig. Unsere Kinder liebten ihn! Mit Vergnügen ließen sie sich von ihm im Leiterwagen herumziehen und riefen ihn zu Hilfe, wenn der Kaninchenstall aus Versehen offengeblieben war und die Kaninchen munter ums Haus hoppelten. Dann machte sich Michel geduldig daran, ein Tier nach dem anderen mit allerlei List wieder einzufangen.
Seine eigenen Kameraden hatten ihn bestohlen. Außer seinem Füllfederhalter besaß er nichts mehr als die Kleider, die er auf dem Leib trug, und nicht einmal die paßten ihm. Er war entsetzlich mager. Wir fütterten ihn erst einmal wieder heraus.
Wir kamen nicht auf den Gedanken, in ihm einen Feind zu sehen, obwohl das eigentlich von uns erwartet wurde und es auch feste Regeln – besser gesagt: Vorschriften – für die Behandlung von Kriegsgefangenen gab. Aber nicht nur wir, sondern auch die meisten Wichstädter Bauern setzten sich über diese Vorschriften hinweg. Wie konnte man jemanden, der täglich mit einem arbeitete und am Geschick der Familie teilnahm, ständig auf Abstand halten und mit Verachtung strafen? Konnten nicht unsere eigenen Männer eines Tages auch in Gefangenschaft geraten? Wäre man dann nicht auch für deren menschliche Behandlung dankbar gewesen?
Wie wir in der Einsamkeit der Rosinkawiese die Vorschriften beachteten, kontrollierte kein Staatsorgan, schnüffelte kein Spitzel aus. Warum sollte ich es dem Michel verbieten, auf Zehenspitzen zur Tür des Wohnzimmers zu schleichen und zu lauschen, wenn ich dort am Klavier saß und ein Impromptu von Schubert spielte? Denn Schubert, so gab er mir einmal zu verstehen, war sein Lieblingskomponist.
Mit meinem Schul-Französisch konnte ich mich mit Michel verständigen und ließ mir von seinen Kriegserlebnissen erzählen. Der arme Junge tat mir leid. Er war als einziges Kind sehr verwöhnt worden. Auf dieses rauhe Kriegsleben hatte ihn niemand vorbereitet. Unsere friedliche Rosinkawiese mußte ihm nach den Fronterfahrungen wie ein Paradies vorkommen.
Ich wagte es, seinen Eltern zu schreiben, daß ihr Sohn zur Zeit

bei uns lebe und gesund sei. Denn Michels Briefe – jedes Vierteljahr durfte er nur einmal schreiben – waren offenbar daheim nicht angekommen. Eines Tages traf ein Antwortbrief seiner Eltern ein: Sie waren glücklich, daß ihr Sohn noch lebte und daß ihre Ungewißheit nun ein Ende hatte.
Als Michels Einheit in eine andere Gegend umquartiert wurde, hinterließ er uns zusammen mit einem Dankbrief seinen Füllfederhalter. Wir fanden diesen rührenden Gruß erst ein paar Wochen, nachdem er fortgebracht worden war, in einem Kinderschuh im Schuppen.
Den nächsten Sommer arbeitete ein ukrainischer Kriegsgefangener bei uns, ein junger, gutmütiger Bauernbursche. Danach wurden keine Kriegsgefangenen mehr nach Wichstadtl geschickt.
Unsere Rosinkawiese lag weit ab vom Kriegsgeschehen. Kinder von Freunden und Verwandten aus bombengefährdeten Großstädten verbrachten ihre Ferien bei uns. Wir nahmen das Kind einer bombengeschädigten Arbeiterfamilie aus dem Ruhrgebiet auf. Meine Schwester, deren Mann auch an der Front war, flüchtete sich aus der Peripherie Hamburgs zeitweilig zu uns. Auch Deine Großmutter brachte ihre Kinder für ein paar Sommerwochen zu uns. Damals lebten Deine Großeltern bei Wien. Dort, in der Nähe der Großstadt, spürten sie die Unruhe und Unsicherheit, die der Krieg erzeugte, viel stärker als wir im Adlergebirge, einer Gegend, die für den Feind vorerst noch uninteressant war.
Die Rosinkawiese war eine Idylle mitten im Kriegswirbel, eine heile Welt, vor allem während der seltenen Urlaubswochen meines Mannes.
»Was für ein Frieden hier...« seufzte er immer wieder, als er noch einmal, verwundet, im vierten Kriegsjahr für eineinhalb Monate heimkehrte und langsam genas. Und unsere beiden jüngsten Kinder, die sich nicht mehr an seinen letzten Urlaub erinnern konnten, lernten ihn wieder kennen. Das letzte Familienfoto, das uns alle noch einmal vereint zeigt, nahm ein Verwandter im vorangegangenen Sommer auf. Ich schicke es Dir mit.

Ich erinnere mich wie heute an den Tag, an dem wir meinen Mann zum Zug begleiteten. Wegen der besseren Verbindungen brachten wir ihn nach Mittelwalde, jenseits der ehemaligen Grenzen. Vom Kamm des Grenzbergs aus schaute er noch einmal zurück auf die Rosinkawiese. Vielleicht ahnte er, daß er sie nicht mehr wiedersehen sollte. Der Abschied von ihr und uns wurde ihm bitterschwer, zumal sich zu jener Zeit das tragische Ende des Krieges bereits abzuzeichnen begann.
Ein paar Wochen später erhielt ich die Nachricht, daß er gefallen war. Damit hatte der Krieg auch uns erreicht.
Jetzt war ich allein mit den Kindern. Die Rosinkawiese half mir zwar nicht über den Schmerz weg, aber sie bot mir und den Kindern wenigstens Geborgenheit, Wohnung, Nahrung, Wärme, Vertrautheit. Noch wußten wir, wohin wir gehörten. Alle Arbeit im Garten, die ich mit Anna und den Kindern nicht verrichten konnte, mußte jetzt liegenbleiben, denn in Wichstadtl gab es keine überzähligen Arbeitskräfte mehr. Ein Wich-

städter nach dem anderen mußte an die Front, erst die jungen, dann auch die älteren Männer. Die Bäuerinnen waren gezwungen, die Höfe allein zu bewirtschaften. Die wenigen Männer, die noch dageblieben waren, mußten überall einspringen, so auch der Pietsch Johann. Nur bei der Heumahd konnte er uns noch helfen. Das Heu brauchten wir ja dringend für unsere Tiere.

Das Dorf füllte sich mit Bombengeschädigten, die Wichstädter mußten zusammenrücken und ihre Häuser mit den Leuten aus dem Ruhrgebiet teilen. Die Schule schwoll an: Aus zwei Klassen wurden drei. Freya kam jetzt nach Grulich in die Mittelschule, Sieglinde folgte ihr ein Jahr darauf, nur Siegfried war jetzt noch in der Wichstädter Schule.

Den jüngeren Kindern verblaßte das Bild ihres Vater nach und nach. Sie begriffen noch nicht, was sich in jenen Jahren abspielte. Sie tollten vergnügt in Wiese und Garten herum und kletterten auf die Pappeln. Sie verrichteten ihre kleinen Arbeiten im Garten, sie spielten am Teich.

Auf den beiden übrigen Bildern, die ich Dir mitschicke, siehst Du unseren jüngsten Sohn einmal mit mir bei der Erdbeerernte und einmal mit unserer Ziege. Jetzt besaßen wir selber einen Fotoapparat und waren nicht mehr auf die Aufnahmen unserer Verwandten und Bekannten angewiesen.

Daß man von Osten her den Kanonendonner immer deutlicher hörte, kümmerte die Kinder wenig. Während die Front keine hundert Kilometer mehr von uns entfernt war, versteckte Gudrun am Ostersonntag des letzten Kriegsjahres noch Ostereier, wie es ihre jüngeren Geschwister erwarteten. Es war ein warmer Tag, die Sonne schien und taute die letzten Schneereste weg. Gudrun begegnete beim Eierverstecken einigen Kreuzottern, die, von der Frühlingssonne geweckt, träge aus den Steinhaufen glitten.

Immer rascher näherte sich das Ende des Krieges. Es gehört nicht zum Thema dieser Briefe, das Chaos zu schildern, das damit über Wichstadtl und die Rosinkawiese hereinbrach. Es bewirkte unter anderem, daß Anna schweren Herzens von uns Abschied nahm und mit anderen Ukrainern, die als Landarbei-

ter in unserer Gegend gearbeitet hatten, heimzog. Wir haben nie wieder etwas von ihr gehört. Wir wissen nicht einmal, ob sie je zu Hause angekommen ist.

Nach dem Waffenstillstand trat für eine Woche Ruhe ein. Wir waren erschöpft von den Aufregungen der letzten Kriegs- und der ersten Friedenstage, und zugleich unendlich erleichtert: Mochte nun auch kommen, was wollte – Hauptsache, der Krieg war zu Ende.

Wir meinten, daß der Frühling noch nie so schön gewesen war wie in diesem Jahr. Die Pfingsttage waren so warm und sonnig, daß wir schon draußen sitzen konnten. Wir zogen die Winterkleidung aus.

Ich war dankbar, daß den Kindern in den Wirren des Kriegsendes nichts zugestoßen war und daß unser Haus noch stand. Wie jedes Jahr, schmückten wir unsere Räume mit jungem Birkenlaub. Freilich, wir wußten, daß wir jetzt wieder zur Tschechoslowakei gehören würden. Und da das Naziregime den Tschechen allen Anlaß gegeben hatte, uns Deutsche zu hassen, erwarteten wir nicht viel Gutes von der nächsten Zukunft. Aber wir vertrauten unserer Rosinkawiese: Irgendwie würden wir uns schon mit ihrer Hilfe über Wasser halten können.

Zwei Tage nach Pfingsten verloren wir jedoch auch sie. Gerade, als sie mit ihrem jungen Laub am schönsten war, als die Fliederbüsche zu blühen begannen und die Wiesen voller Blumen standen, wurden wir gezwungen, sie Hals über Kopf zu verlassen. Nur mit einem Handwagen – demselben Wagen, auf dem wir immer unser Heu eingefahren hatten – zogen wir nordwärts über den Grenzberg davon.

Ein paar Tage später wurde fast das ganze Dorf Wichstadtl zwangsweise geräumt. Die vollkommen überraschten Wichstädter wurden innerhalb von zwei Stunden zusammengetrieben und in einem langen Zug bis zur Grenze, die jetzt wieder Gültigkeit hatte, eskortiert. Dort überließ man sie ihrem Schicksal. Langsam zogen sie westwärts weiter. Immer wieder blieben einige von ihnen zurück, starben etliche, bis der Rest in der Lausitz und in der Mark Brandenburg Unterkunft fand.

Wir flüchteten allein. Die Schafe und Ziegen trieben wir nachts über die Grenze und ließen sie im nächsten schlesischen Dorf, das nun zum polnisch besetzten Gebiet gehörte, bei Bauern zurück, die uns kannten. Ein paar Koffer mit Proviant, Kleidung und einigen wenigen Erinnerungsstücken, darunter auch unsere Fotoalben, nahmen wir mit. Das Köfferchen mit unseren Dokumenten hatte ich für alle Fälle schon während des ganzen letzten Kriegsjahres bereitstehen. Dieses Gepäck und für jeden von uns eine Decke – das war alles, was wir außer unserem nackten Leben retten konnten.

Damit trennte sich unser Schicksal von dem der Rosinkawiese. Ich war froh, daß mein Mann diese Wende nicht mehr zu erleben brauchte.

Mein Erfahrungsbericht ist hier zu Ende. Entnimm ihm, was Dir weiterhelfen kann. Du hast Dich bisher mit Fragen sehr zurückgehalten. Aber vielleicht möchtest Du doch noch einiges wissen. Also frage!

Deine Tante Elfriede

17

Hartershausen, den 1. Mai 1979

Lieber Michael,

es freut mich, daß Dich mein Bericht nicht gleichgültig gelassen hat. Du bedankst Dich für die »unbezahlbaren« Erfahrungen, die ich Dir übermittelt habe. Auch Deine Eltern, schreibst Du, seien sehr beeindruckt gewesen und hätten sich lange und eingehend über das Experiment Rosinkawiese unterhalten. Keiner sei auf den Gedanken gekommen, Dir zu sagen: Siehst Du, so ein armseliges Leben willst Du wählen!
Und nun führst Du drei Fragen auf, um deren Beantwortung Du mich bittest. Erstens interessiert es Dich, was aus der Rosinkawiese geworden ist. Zweitens möchtest Du wissen, wie meine Kinder zu ihrer Rosinkawiesen-Vergangenheit stehen: Wie sie ihre Kindheit sehen, wie sie mit dem Außenseitertum fertig wurden, in das sie dort hineingewachsen waren.
Diese beiden ersten Fragen wird Dir meine Tochter Gudrun beantworten. Sie war siebzehn Jahre alt, als wir die Rosinkawiese verlassen mußten. Sie hat dort also, im Gegensatz zu ihren Geschwistern, die letzten Jahre schon sehr bewußt miterlebt und verfügt somit über die Voraussetzungen für einen kritischen Rückblick.
Ich habe ihr von Deinem Vorhaben erzählt und ihr meine Briefe an Dich zu lesen gegeben: Anlaß zu mancher gemeinsamen Erinnerung. Nun steht sie neben mir und wartet darauf, daß ich ihr den Platz vor der Schreibmaschine freimache. Heute ist Feiertag, da hat sie Zeit, Dir in Ruhe Auskunft zu geben. Inzwischen werde ich mit Martin, meinem Enkel, einen Spaziergang durch die Wiesen machen. Danach werde ich Deine dritte Frage beantworten, die an *mich* gerichtet ist.

Deine Tante Elfriede

Lieber Michael,

Du kennst mich nur flüchtig. Einmal habe ich meine Mutter im Wagen zu Deiner Großmutter gebracht und sie später wieder abgeholt. Dabei sind wir uns bei Kaffee und Kuchen begegnet. Das ist aber schon ein paar Jahre her. Wahrscheinlich wirst Du Dich gar nicht mehr an mich erinnern können. Du warst damals etwa vierzehn Jahre alt, und man konnte Dir anmerken, daß Du verstimmt warst, weil Du Deine Großmutter an jenem Nachmittag nicht für Dich allein hattest. Das konnte ich gut verstehen.

Zu Deiner ersten Frage: Nachdem sich die Tschechoslowakei nach langen Jahren dem westlichen Tourismus wieder geöffnet hatte, besuchte ich mit meinem Bruder Siegfried noch einmal die Rosinkawiese, wieder zu Pfingsten. Es waren genau neunzehn Jahre vergangen, seitdem wir sie hatten verlassen müssen. Ein alter Schneider mit seiner Frau wohnte in unserem Haus. Tschechen. Ein Dolmetscher aus dem Dorf begleitete uns, als wir hingingen. Sie nahmen uns rührend auf. In der Wohnküche stand noch das Stühlchen mit meinem eingeschnitzten Namen, das mir der Großvater einmal zu Weihnachten geschenkt hatte. Nur ein geringer Teil des Gartens war bewirtschaftet, alle übrigen Beete und Feldstücke hatten sich wieder in Wiese zurückverwandelt. Aber die Formen der Beete konnte man teilweise noch deutlich erkennen.

»Während des Winters ziehen wir ins Dorf«, sagten die zwei alten Leute. »Hier draußen ist es mörderisch.«

Die Rosinkawiese bot einen traumhaften Anblick. Die Pappelreihe ragte bis in den Himmel, sogar die Edeltannen rechts und links vom Haus waren längst höher als der Giebel. Zärtlich eingebettet lag das Haus im Grünen, das nun, kaum gebändigt, wild wucherte. Hühner gackerten hinter dem Stallanbau, irgendwo meckerte eine Ziege. Zwischen hohen Birken, Weiden und Erlen glitzerte der Teich. Das Erlengebüsch war zu einem kleinen Wäldchen geworden. Von dieser Schönheit hatten meine Eltern wohl oft in ihren jungen Jahren geträumt. Jetzt

war die Rosinkawiese endlich diesem Traum nach- und nahegekommen. Aber nicht mehr für sie.
In unserer ehemaligen Wohnküche prangte eine bunte Tapete. Der braune Karbolineum-Anstrich des Hauses war verwittert, die weiße Ölfarbe blätterte von den Fensterrahmen. Die Rosinkawiese war nicht für diese beiden Alten zugeschnitten. Sie überforderte sie.
Mein Bruder, neun Jahre jünger als ich, war zwar auch berührt von den landschaftlichen Reizen seiner Heimat, aber er hatte nur wenige klare Erinnerungen an ihr früheres Aussehen. Nach unseren Erzählungen hatte er sich das alles ganz anders vorgestellt. Ja, die Terrasse erkannte er wieder, auf der er einmal, kurz vor Ostern, einem Hasen, der sich während der Winterzeit auf Futtersuche bis an unser Haus heranwagte, hatte Salz auf den Schwanz streuen wollen, um ihn so zu fangen. Diesen Trick hatte ihm damals unser Vater empfohlen, und unsere Eltern hatten sich am Fenster amüsiert, während er – natürlich erfolglos – versucht hatte, sich an den Hasen heranzupirschen. Ich zeigte ihm auch seine Lieblingspappel, in deren Wipfel er oft gesessen hatte. Von dort oben hatte er einmal aus Unachtsamkeit einen eisernen Eimer auf seinen kleinen Bruder fallen lassen, der unter dem Baum spielte. Das gab eine mächtige Platzwunde am Kopf und viel Blut. Jetzt war die Pappel doppelt so hoch gewachsen.
Inzwischen sind schon wieder viele Jahre vergangen. Ich habe erfahren, daß der alte Schneider inzwischen gestorben ist. Dessen Frau muß schon weit über achtzig Jahre alt sein. Sie wird das Haus und den Garten wohl sich selbst überlassen müssen. Aber ich könnte mir gut vorstellen, daß auch sie die Rosinkawiese inzwischen liebt und sie als Heimat betrachtet, denn ein guter Teil ihres Lebens hat sich auf ihr abgespielt.
Nun zu Deiner zweiten Frage: Du schreibst meiner Mutter: »Deine Töchter und Söhne hatten eine Kindheit in Armut. Sie hätten es besser haben können, wenn Ihr Euch zu einem bürgerlichen Leben mit gesicherter Existenz und mehr Komfort entschlossen hättet. Teilen Deine Kinder trotzdem die Meinung ihrer Eltern? Oder fühlen sie sich als Opfer?«

Nun, ich kann und will nicht für meine Geschwister sprechen. Aber was mich betrifft, so fühle ich mich keinesfalls als Opfer. Ich empfand meine Kindheit als glücklich. Ich möchte keine andere Kindheit gehabt haben.

Die Rosinkawiese war für uns ein ideales Tummelfeld. Unsere ganze Kindheit spielte sich vor allem rund um den Teich ab. Im Osten, wo mehrere Gräben in ihn einmündeten, war er so flach, daß er uns Kindern kaum bis zu den Waden reichte. Da wuchsen Binsen und Wollgras, da sirrten Libellen, da bauten wir Schlammteiche mit kunstvollen Kanälen und kleine Wasserfälle, die Holzrädchen antrieben. Wir ließen Borkenschiffchen schwimmen, fingen Kaulquappen und taten sie in unser Schlammgehege.

Bis zur Insel konnten wir waten. Sie galt uns, ich weiß nicht warum, als ein besonderer, sozusagen verzauberter Ort, den wir nur mit Herzklopfen betraten. Im halbtiefen Wasser lernten wir schwimmen. Nach Westen hin verlor man den Grund unter den Füßen, dort war die Seite der Schwimmer. Als wir noch nicht schwimmen konnten, schenkte uns der Großvater eine alte Kellertür. Wir benutzten sie als Floß und fuhren mit ihr über die tiefsten Stellen, ja wir wagten uns mit ihr sogar in die Südostecke hinein, in der zwischen dem Schilf tote Frösche mit dem Bauch nach oben herumschwammen und in der es Kröten gab.

Das Wasserwehr, für uns Kinder ein dunkles, gruselerregendes Loch, befand sich am Westdamm, wo das Wasser am tiefsten war. Unterhalb des Dammes lag ein Teil unserer Wiesen. Im Winter sausten wir mit unseren Schlitten den steilen Dammabhang hinunter. Und im Gebüsch, das auf den Dämmen wuchs, spielten wir mit unseren Puppen.

Die Kletterpappeln habe ich wohl schon erwähnt. Stundenlang hielten wir uns da oben in den Ästen auf! Jeder von uns hatte seinen Lieblingsbaum. Wir zogen auch mit Handwägelchen und Puppenwagen hinüber in die beiden Bauernwäldchen, die uns am nächsten lagen, bauten dort Hütten aus Zweigen. Wenn ringsum auf den Kornfeldern die »Puppen«, die zusammengestellten Garben, auf die Einfahrt warteten, benutzten wir auch sie als Häuschen. Überhaupt, das Hüttenbauen: ein Spiel, das nie langweilig wurde. Östlich vom Stall lagen jahrelang einige vom Bau übriggebliebene Bretter, Latten und Balken aufgeschichtet. Immer wieder schleiften wir das, was wir davon zur Errichtung eines Häuschens verwenden konnten, davon, und irgendwo unter den Pappeln entstand dann wieder ein Heim für »Vater, Mutter, Kinder«, mit improvisierten Möbeln und unserem Puppengeschirr.

Auch in Nachbars Feldschuppen, der nicht weit von unserem Haus entfernt lag, spielten wir gern. Wir kletterten zwischen den Ackergeräten herum und spielten Verstecken. Kam ein Bauer mit seinem Wagen an unserem Haus vorüber, baten wir um die Erlaubnis, aufsitzen zu dürfen, und fuhren ein Stück mit. Dann liefen wir zu Fuß zurück.

Ein Fest war die Kartoffelernte. War sie vorüber, wurde das Kartoffelkraut verbrannt. Von allen Hängen stieg Rauch auf, überall waren die Kinder mit auf den Feldern und brieten sich Kartoffeln in der Asche ebenso wie wir.

Es war ein Leben mit Tieren. Ich glaube, meine Mutter hat bisher nur die Hühner, Ziegen, Schafe und Kaninchen erwähnt. Aber uns begegneten ja noch viel mehr Tiere außer diesen, die schon fast mit zur Familie gehörten. Da gab es den Schäferhund Hugin, der nur ein paar Wochen bei uns blieb und vor lauter Heimweh nicht bellen wollte, wann er sollte: Öffnete ein Fremder die Eingangstür, rührte sich Hugin nicht. Kaum aber schickte sich der Fremde an, das Haus zu verlassen, erregte sich Hugin ganz fürchterlich. Und eines Tages war er weg. Es hatte ihn wieder heimgezogen zu seinem früheren Herrn, der in Wichstadtl wohnte.

Da gab es auch eine weiße Maus, die mir mein Lehrer geschenkt hatte und die, nachdem sie an Altersschwäche gestorben war, ein würdiges Begräbnis unter »meinem« Baum erhielt, neben dem Grab eines Raben, der in einem stürmischen Herbst unmittelbar vor mir von einem Baum gestürzt war, als ich gerade über die Landstraße von Lichtenau heimkam. Ich hatte ihn aufgehoben und noch ein Stück Weges weitergetragen, in der Hoffnung, er werde sich wieder erholen. Aber noch bevor ich daheim angekommen war, hatte sein Leben ein Ende: In meinen Armen war er gestorben.

Was gab es nicht alles für Tiere auf der Rosinkawiese! Wir begegneten ihnen auf Schritt und Tritt: den Bienen und Schmetterlingen, den Libellen über dem Teich, den Kaulquappen und jungen Fröschen, mit denen wir spielten, den Blutegeln, vor denen wir uns fürchteten, den Maulwürfen, die wir verwünschten, weil wir in jedem Frühjahr ihre Haufen auf den Wiesen glattrechen mußten, den Blindschleichen und Kreuzottern, die wir auf besonnten Feldrainen überraschten, den Hasen und Rehen, die wir zu jeder Zeit rings um unser Grundstück, im Winter aber sogar manchmal ganz nahe am Haus beobachten konnten, und allen Vögeln, die uns umzwitscherten. Vor allem die Lerchen gehören zu meiner Kindheit. An jedem Frühlingsmorgen, wenn ich zur Schule wanderte, trillerten sie hoch über den Feldern.

Da wäre noch so vieles zu erwähnen, was zur Rosinkawiesen-Kindheit gehörte: das abendliche Turnen mit dem Vater, wenn wir bei Schlechtwetter den ganzen Tag nicht hatten draußen sein können. Das Singen mit der Mutter, ihr Lautenspiel, ihre Geschichten. Der Sturm, der um das Haus heulte. Die für uns Kinder geheimnisumwitterte Grenze, die nur zwanzig Fußminuten von uns entfernt auf dem Kamm des nördlichen Hügels entlanglief. Und Vaters oder Mutters Ruf: »Schaut euch doch mal diesen herrlichen Sonnenuntergang an!«

Meine Eltern haben mir die beste Vorbereitung auf das Leben geboten, die ich mir nur denken kann. Meine Geschwister und ich haben auf der Rosinkawiese gelernt, ohne Komfort auskommen zu können, wir haben gelernt, in Notsituationen nicht den Kopf zu verlieren, sondern nach einem Ausweg zu suchen und durchzuhalten, zu improvisieren, unsere Ansprüche auf ein Mindestmaß herunterzuschrauben. Wir haben gelernt, denen, die mehr als wir besaßen, ohne Neid zu begegnen. Wir sind ausgerichtet worden auf gegenseitige Hilfe, auf Selbstbeherrschung, auf Zielstrebigkeit und Zähigkeit. Uns wurden vor allem zwei Fähigkeiten vermittelt, die in der heutigen Pädagogik ziemlich außer Mode sind: sich zu etwas, das einem schwer-

fällt oder unangenehm ist, zu überwinden – und seine Pflicht zu tun.
Du wirst jetzt sagen: Das deutet aber auf eine verflixt harte Kindheit hin! Gewiß, das war sie auch, aber nur aus der heutigen Sicht. Wir fühlten uns ja geliebt und gebraucht und anerkannt, also geborgen. Und vor allem lebten uns die Eltern vor, was sie von uns erwarteten.
In meiner Kindheit kam ich mir übrigens nie arm vor. Wir konnten uns immer sattessen. Wir hatten unsere Lieblingsspeisen wie andere Kinder auch, zum Beispiel das wunderbare »Rohkostbrot« aus gemahlenen Haselnüssen, getrockneten Äpfeln, Weizenschrot und Honig, zu kleinen Laiben geformt. Und wenn es Spinat gab, aßen wir nur so viel, wie wir unbedingt mußten. Wir Kinder hatten genug Kleidung zum Wechseln, wenn auch zum größten Teil altes und geflicktes Zeug. Aber mein Mantel war nicht von Flicken übersät, und meine Winterschuhe klafften nicht auf.
Später, als ich ins Gymnasium kam, in einer Zehntausend-Einwohner-Stadt, wurde mir meine materielle Armut im Vergleich zu manchen Mitschülerinnen bewußt. Aber bis dahin hatte ich schon so viele andere Werte von daheim mitbekommen, daß ich den Mangel an Wohlstand wettmachen konnte. Ich war belesener als die meisten anderen Mädchen meiner Klasse, denn ich hatte daheim alles Lesbare verschlungen. Im Lauf der Jahre hatte sich unser Bücherschrank gefüllt. Ich kannte bereits fast alle Lieder, die unsere Musiklehrer uns beibrachten. Ich war recht geschickt im Basteln und Zeichnen – eine Begabung, die meine Eltern intensiv gefördert hatten. Und ich verfügte über eine Phantasie, die oft den Unterricht in den verschiedenen Fächern sehr belebte. Auch sie war von meinen Eltern gepflegt und entwickelt worden.
Die Rosinkawiese war ideal dazu geeignet, die kindliche Phantasie anzuregen. Die ganze Natur sah ich von sichtbaren und unsichtbaren Wesen belebt, die ich vermenschlichte und mit denen ich redete. Lag ich abends im Bett und hörte durch das offene Fenster die Frösche quaken, unterschied ich sie an ihrer Stimmhöhe, ordnete ihnen bestimmte Charaktere zu und gab ihnen Namen. Auch die Pappeln benannte ich.

»Mach dich nicht so breit, Marie«, sagte oder dachte ich.
Auf dem langen Schulweg sammelte ich Schnecken, grub in der Böschung des Hohlwegs für jede einzelne eine kleine Höhle, legte ein Blatt als Bett hinein und setzte je eine Schnecke darauf. Auf dem Heimweg von der Schule lief ich voller Spannung zurück zum Hohlweg, um in meine Höhlen zu spähen: War die Betti ausgegangen? Schlief die dicke Anna noch?
Eine Zeitlang fürchtete ich mich im Dunkeln. Ich vermutete Gespenster im Wald, die von dort zu unserem Haus herüberdrohten. Als mein Vater das merkte, nahm er mich nach Einbruch der Dunkelheit bei der Hand und ging mit mir in den Wald. Er leuchtete mit der Taschenlampe in das Gebüsch.
»Siehst du was Verdächtiges?« fragte er.
Nein, ich sah nichts Verdächtiges. Nirgends konnte ich Gespenster entdecken. Diese Erkenntnis heilte mich von meiner Angst.
Niemals verloren für uns Kinder die Anziehpuppen ihre Reize, auch »Modepuppen« genannt, die die Saarbrücker Großmutter in jedem Paket mitschickte: Ausschneidebögen, auf denen ein Kind aufgedruckt war, umgeben von Kleidern, Mänteln, Mützen, die man, sobald sie ausgeschnitten waren, dem Kind auflegen konnte. Solche Bögen waren billig, und so bekamen wir Schwestern im Lauf der Jahre recht ansehnliche »Familien« zusammen. Da wurden immer wieder alle Kinder aufgereiht, umgezogen, feingemacht, Familienszenen und Reisen wurden ausgesponnen, man besuchte sich gegenseitig, und wir »Mütter« erzählten uns gegenseitig unsere Sorgen: »Hier, der Jakob, der schwindelt, aber die Gisela, die ist so gut in der Schule...«
Ich lernte, überall brauchbares Material zum Basteln, zum Malen, zum Werken zu entdecken. Was fand sich da nicht alles auf der Rosinkawiese! So vieles ließ sich mit Baumrinde, Ruten, Zapfen, Binsen und Wurzeln basteln, mit Lehm formen. Manches schaute ich meiner Mutter ab, vieles erfand ich selber. Das war viel reizvoller als Spielzeug, das von vornherein fertig und festgelegt war.
Ich bin meinen Eltern dankbar, daß sie uns nicht bemitleideten, wenn wir etwa hinfielen, uns einen Splitter in den Fuß jagten

oder uns eine Beule stießen. Oder wenn uns, wie jeden Sommer einige Male, eine Biene oder Wespe stach. Den Kleineren von uns sang dann meine Mutter »Heile, heile Gänschen« vor und blies auf die schmerzende Stelle. Von den Größeren wurde mit Selbstverständlichkeit erwartet, daß sie sich »zusammennahmen«, nach dem Vorbild der Eltern.

Ich bin ihnen auch dankbar, daß sie uns gesundheitlich abhärteten. Wir schliefen auch im Winter in ungeheizten Räumen, bekamen höchstens an ganz kalten Tagen einen warmen Ziegelstein ins Bett. Ich erinnere mich, daß in unserem Kinderschlafzimmer mein Atem manchmal zu weißem Hauch wurde. Den ganzen Sommer über liefen wir daheim barfuß herum und benutzten unsere Sandalen nur für den Schulgang oder den Weg ins Dorf. An den heißen Tagen zogen die Jüngeren von uns ihre Kleidung gar nicht erst an. Wozu auch? Man empfand sie als lästig. An jedem nur einigermaßen warmen Tag spielten und badeten wir im Teich. Und im Winter mußten wir auch bei dreißig Grad Kälte und Schneesturm zur Schule gehen.

Einmal, als ich mit meiner Mutter bei bitterer Kälte während eines Schneetreibens von Lichtenau heimkehrte und der Sturm uns Eisnadeln ins Gesicht blies, erfror mir meine rechte Wange. »Guck mal, Mutter«, brüllte ich durch den Sturm, »mir klebt ein Eisstück an der Backe!«

Ein Blick genügte. Meine Mutter erkannte, daß das kein Eisstück, sondern die Backe selber war. Sie rieb sie mit Schnee, bis das Blut wieder pulsierte.

Die Schule konnten wir nur auf Skiern erreichen. Auch viele meiner Mitschüler kamen auf »Brettln«. Die standen dann während des Unterrichts an der Schulwand aufgereiht, und war die Schule aus, kam der Lehrer mit heraus und half den Kleineren beim Befestigen der Bindungen, die damals nur aus Lederriemen bestanden.

Meine Eltern »forderten« uns. Die Wanderungen über die Berge verlangten oft von uns das Äußerste an körperlicher Anstrengung. Nur die jeweils Jüngsten wurden auf dem Heimweg vom Vater auf den Schultern getragen. Trotz Müdigkeit mußten die anderen weiterlaufen. Lob spornte uns an. So lernten

wir Ausdauer und Selbstüberwindung. Und natürlich auch Freude an der eigenen Leistung.
Ich mußte viel zu Hause helfen. Darüber schrieb Dir ja schon meine Mutter. An schulfreien Werktagen mußten wir Größeren in der arbeitsreichsten Jahreszeit bis um vier Uhr nachmittags allerlei uns gemäße Arbeiten in Haus und Garten übernehmen. Das war manchmal ziemlich hart, wenn ein Buch lockte, ein Kletterbaum, eine Spielidee, die man so gern gleich verwirklicht hätte.
Oft hieß es aber auch: »Wenn du das Beet fertiggejätet oder wenn du diese vier Erdbeerreihen abgeerntet hast, kannst du spielen.« Das bewirkte natürlich, daß wir uns beeilten, so schnell wie möglich unser Arbeitspensum hinter uns zu bringen. Wenn dann die Mutter sagte: »Was, du bist schon fertig? Wie hast du denn das geschafft?« waren wir mächtig stolz.
So lernten wir von klein auf, mitzuhelfen. Wir fühlten uns wichtig, wir wurden gebraucht. Wie oft sagte uns die Mutter: »Wenn wir euch nicht hätten...«, sagte der Vater: »Wer hätte gedacht, daß ihr uns schon so eine schwierige Arbeit abnehmen könnt...«
Wie war das ewige Geschwisterhüten oft so lästig! Die Kleinen quäkten in meine Träume hinein, störten mich in meinen Gedanken, die Größeren machten sich selbständig, wollten mir nicht folgen. Aber ich wußte: Die Mutter hatte sie mir anvertraut, sie mußte sich auf mich verlassen können, ich trug die Verantwortung für sie. Es durfte ihnen nichts zustoßen, und ich mußte mich noch dazu bemühten, ihnen Vergnügen zu bereiten.
So verband ich, wenn das Wetter es erlaubte, das Angenehme mit dem Nützlichen, zog die Geschwister im kleinen Leiterwagen durch die Felder, durchstöberte mit ihnen die Wäldchen, die Raine, die Wiesen, unternahm wahre Entdeckungsreisen. Mit den Jahren wurde mir diese Pflicht zur Selbstverständlichkeit.
Wir glaubten und vertrauten unseren Eltern. Sie bemühten sich, uns gegenüber ehrlich zu sein, auch auf dem Gebiet der Sexualität. Das Märchen vom Storch wurde uns nie aufgetischt. Wir

erfuhren von klein auf, wo die Babies herkamen. Aber das war für die damaligen Zeiten geradezu revolutionär. Die Wichstädter waren entsetzt.
Schon als Vierjährige habe ich sie mit meinen sexuellen Kenntnissen geschockt: Da gab es eine ältere unverheiratete Frau, die Müldner Anna, die mit einem Hund allein in ihrem Häuschen wohnte.
»Habt ihr denn auch einen Hund?« fragte sie mich einmal.
»Nein, einen Hund haben wir nicht«, antwortete ich, wußte jedoch sogleich etwas noch Imponierenderes vorzuweisen: »Aber meine Mutter hat ein Kind im Bauch...«
Es war ein feierlicher Augenblick, wenn wir fühlen durften, wie sich das noch Ungeborene in Mutters Leib bewegte. Später schauten wir auch zu, wenn die Mutter das Neugeborene stillte.
Die Geburten der beiden jüngsten Geschwister fanden bei Tage statt. Als wir die Mutter oben im Zimmer stöhnen hörten, rückten wir übrigen Kinder unten in der Wohnstube verstört zusammen, litten mit der Mutter und warteten sehnsüchtig auf den Vater, der bei der Mutter blieb, bis das Kind geboren war, und dann herunterkam zu uns, um uns die Ankunft des neuen Geschwisterchens zu verkünden. Nachdem sich die Mutter ausgeruht hatte, durften wir hinaufgehen und das winzig kleine Kind betrachten. Was für eine Freude empfanden wir jedesmal über den neuen Bruder oder die Schwester!
Natürlich gab es in dieser Kindheit auch Schatten: Manchmal hatte die Mutter verweinte Augen, manchmal stützte der Vater den Kopf in die Hände. Dann wußte ich, daß sie Sorgen hatten, obwohl sie das vor uns zu verbergen suchten. Im Frühjahr, wenn die Gartenarbeit einsetzte, oder in der Erntezeit hatten die Eltern nur wenig Zeit für uns übrig und wurden nervös, wenn ihnen die Arbeit über dem Kopf zusammenschlug.
Was mir aber am meisten zu schaffen machte, war der Umstand, daß nur selten einer meiner Schulkameraden aus dem Dorf zu uns herauskam, um mit mir zu spielen.
Wir bekamen oft Besuch von Freunden meiner Eltern und Verwandten, die ihre Kinder mitbrachten. Aber mir ging es um

meine Freunde, die ich mir sehnlichst auf die Rosinkawiese wünschte. Freilich, die Wichstädter Bauern- und Häuslerkinder mußten selber sehr viel daheim helfen und konnten nicht nach Lust und Laune ausschwärmen, wann immer sie wollten. Aber auch wenn sie einmal Zeit fanden, kamen sie nicht.
Ich erinnere mich an die Umlauf Else, ein Bauernmädchen, das ein Jahr älter war als ich. Sie ging mit mir in dieselbe Klasse.
»Komm doch heute nachmittag zu mir raus«, bat ich sie, flehte ich sie an.
Zuerst wollte sie nicht. Sie kam mit Ausflüchten. Schließlich sagte sie zu. Ich ließ es mir mit Handschlag hoch und heilig versprechen. Beglückt lief ich aus der Schule heim.
»Die Umlauf Else kommt heute nachmittag zu mir!« rief ich der Mutter schon von weitem zu.
Ich hatte vor Aufregung und Vorfreude kaum Appetit. Gleich nach dem Essen stürzte ich hinaus, postierte mich an den Rand des Feldwegs, spähte in die Richtung des Dorfes, wartete, wartete.
»Warum kommt sie nicht?« fragte ich die Mutter besorgt.
Die maß dieser Sache wenig Bedeutung zu. Es war Mai. Sie hatte viel zu tun.
»Sie wird es eben vergessen haben«, seufzte sie.
»Aber wie kann sie das denn vergessen?« rief ich erregt. »Sie hat es mir doch versprochen!«
»Geh jäten«, sagte die Mutter. »Wenn sie kommt, wirst du sie schon rechtzeitig sehen.«
Aber ich war nicht bei der Sache. Immer wieder suchte ich den Feldweg mit sehnsüchtigen Blicken ab und grübelte, hoffte, bangte.
Else erschien nicht. Ich war maßlos enttäuscht: Endlich, endlich hatte mir ein Kind versprochen, zu mir herauszukommen, und nun kam es nicht!
Ich ging zur Mutter, versuchte von ihr eine Erklärung dieses rätselhaften Fernbleibens zu erhalten. Ahnungslos, daß es bei mir sozusagen um den Glauben an die Menschheit ging, um ein todernstes Problem, das ich allein kaum bewältigen konnte, wurde sie ungeduldig.

»Nun mach doch nicht so einen Wind um die Umlauf Else«, sagte sie. »Sie wird es eben nicht so ernst gemeint haben.«
Ich verkroch mich und weinte jämmerlich. Ich hatte der Else vertraut und geglaubt. Jetzt haßte ich sie. Am nächsten Schulmorgen stürzte ich auf sie zu: »Warum bist du nicht gekommen?«
Sie hatte irgendeine fadenscheinige Ausrede zur Hand. Aber ich glaubte ihr nicht mehr.
Damit komme ich zur Beantwortung des zweiten Teils Deiner Frage nach meiner Kindheit: Wie wir mit unserem Außenseitertum fertig wurden, in das wir auf der Rosinkawiese notwendigerweise gerieten.
Ich spürte schon während der ersten Schuljahre, daß ich anders als die anderen Kinder war und daß sie in mir auch die Andersartigkeit sahen. Nicht nur, daß ich mehr Bildung als sie mitbrachte. Es gab noch viel mehr, was die Kluft zwischen ihnen und mir vergrößerte. Daheim hörten sie die Eltern über uns reden: Meine Mutter war keine Einheimische, nicht einmal eine Sudetendeutsche, sondern war aus Deutschland herübergekommen. Mein Vater wurde als – wenn auch geachteter – Sonderling angesehen. Wie konnte sich auch ein halbwegs normaler Mensch, noch dazu ein Akademiker, auf einer so unfruchtbaren Wiese niederlassen und sich förmlich daran festklammern? Wir aßen kein Fleisch und tranken keinen Alkohol – in den Augen der Umwelt war das eine unverständliche Askese, die sicher manchen Wichstädter zu der Frage veranlaßte: Wozu leben sie dann überhaupt? Statt Fleisch aßen wir große Mengen von Gemüse. In der böhmischen Küche aber spielte Gemüse eine verhältnismäßig nebensächliche Rolle. Noch schlimmer: Meine Eltern erzählten uns, wie ich schon erwähnte, den wahren Sachverhalt über das Kinderkriegen – für die Wichstädter geradezu unerhört. Und es hatte sich herumgesprochen, daß sie uns nackt herumlaufen ließen. Nicht zu fassen! Auch die Tiere brachten wir anders unter als die Adlergebirgler. Und wenn jemand aus dem Dorf bei uns vorüberkam, konnte er uns meistens singen hören. In Wichstadtl sang niemand bei der Arbeit. Es war nicht Brauch, vor sich hinzusingen.

Oft waren es nur Kleinigkeiten, die uns von den anderen unterschieden. Zum Beispiel Vaters Bart und seine kurzen Hosen. Und was besonders *mich* anging: unser Einkaufsrucksack. In Wichstadtl trug man keine Rucksäcke. Man kaufte mit Körben oder Taschen ein. Aber die Mutter schickte mich mit dem Rucksack ins Dorf einkaufen. Sie hatte ja recht: Den langen Weg hinaus zu uns trug sich eine schwere Last viel besser auf dem Rücken als in der Hand. Aber ich sah nur die Blicke der anderen Kinder, meiner Schulfreunde. Sie fanden mich komisch. Einfach anders. Oft trug ich den Rucksack in der Hand, bis ich das Dorf verlassen hatte. Die jungen Leute kamen gern zu meinen Eltern heraus und waren für Anregungen dankbar. Aber den Kindern des Dorfes waren wir nicht geheuer, wohl auch deswegen, weil wir nicht ihren Dialekt sprachen, und so kamen sie nicht zu uns heraus. Das war mein größter Kummer. Wie sehr wünschte ich mir während meiner ersten Schuljahre, mich nicht von ihnen unterscheiden zu müssen!
Aber mit den Jahren legte sich diese Sehnsucht. Ich nahm unsere Außenseiterrolle an, identifizierte mich mit ihr. Und je mehr ich bewußt anders wurde als die anderen, um so mehr kapselte ich mich von der Außenwelt ab, klassifizierte die Menschen, die mir begegneten, danach, ob sie in unser Rosinkawiesen-Lebensschema paßten oder nicht. Die Rosinkawiese wurde mir zum Maßstab überhaupt. Kurz: Ich wurde unduldsam. Nur *unsere* Lebensform empfand ich als die einzig richtige.
Dieser Umstand hat mir später schwer zu schaffen gemacht. Ich habe noch als Erwachsener lange gebraucht, bis ich mich von diesen Wertmaßstäben gelöst und zu Toleranz und Offenheit gegenüber anderen Weltanschauungen und Lebensweisen durchgerungen hatte. Den älteren unter meinen Geschwistern erging es, glaube ich, ähnlich. Nur die beiden Jüngsten hatten es wahrscheinlich leichter, weil sie sich an das Leben auf der Rosinkawiese kaum mehr erinnern konnten – obwohl wir die Art zu leben ja mitnahmen in den Westen. Aber dort lebten wir nicht mehr so isoliert und wurden noch dazu in eine Großstadt verschlagen.

Das, was wir in unserer Kindheit gelernt hatten, kam uns während des langen Fußmarsches nach dem Westen und der weiteren Nachkriegsjahre sehr zustatten: Wir hielten unbedingt zusammen, wir verfügten über eine gute gesundheitliche Verfassung dank der Abhärtung, die wir daheim genossen hatten, wir waren erfinderisch in der Umarbeitung von gebrauchter Kleidung und der Wiederverwendung alten Materials. Wir litten nicht so sehr wie die meisten Kriegsopfer unter den Entbehrungen jeglicher Art, nahmen unsere Armut gelassen hin und nutzten jede Gelegenheit, wieder Boden unter die Füße zu bekommen.

Spuren unseres Rosinkawiesen-Stils finden sich noch heute in unserer Lebensweise, und wir sind nicht bemüht, sie schamhaft zu verbergen. Nein, es gibt sogar manche Fähigkeit darunter, die wir betont pflegen – *wieder* pflegen! – im Hinblick auf eine Zukunft, die voraussichtlich uns und unseren Nachkommen Genügsamkeit, Durchhaltevermögen und Improvisationstalent abverlangen wird.

Ich hoffe, damit Deine Fragen beantwortet zu haben.

Liebe Grüße, auch an Deine Großmutter, die für mich immer die »Tante Gertrud« war und noch ist, und an Deine Mutter, mit der ich als Kind oft gespielt habe.

Gudrun

18

Hartershausen, den 1. Mai 1979

Lieber Michael,

Du wirst Dich sicher amüsieren: Aus den »paar Zeilen« meiner Tochter wird, so scheint es, ein seitenlanger Bericht. Gudrun wollte nicht aufhören zu schreiben, als ich von meinem Spaziergang zurückkam. Sie nahm den Brief mit hinüber zu sich und schreibt jetzt dort weiter. Deshalb will ich lieber einen neuen Brief anfangen, denn wer weiß, wann sie fertig wird.
Nun will ich gleich auf Deine dritte Frage zurückkommen, die ich selbst beantworten muß. Du fragst mich, ob es mir leid tue um die Jahre, die ich auf der Rosinkawiese verbracht habe.
O nein! Wie könnte ich um diese Jahre trauern, sie sozusagen als sinnlos vertan betrachten? Sie waren so wunderbar trotz aller Schinderei und Plackerei und der Not und den Ängsten. Es war ein so intensiver Lebensabschnitt – das Herzstück meines Lebens überhaupt. Keinen Tag davon möchte ich missen, auch wenn wir unsere Idee mindestens teilweise scheitern sahen. Nein, keinen einzigen Tag dieses Reichtums!
Ich hoffe, daß ich Dir mit meiner Rosinkawiesen-Geschichte nicht den Wind aus den Segeln genommen habe. Mit Spannung werde ich Deinen weiteren Weg verfolgen.
Grüß Deine ganze Familie. Und sei auch Du recht herzlich gegrüßt von Deiner

Tante Elfriede

PS: Ich lege Dir noch eine Aufnahme bei, die aus dem letzten Kriegssommer stammt. Sie zeigt die Rosinkawiese und unser Haus so, wie sie aussah, als wir sie verlassen mußten.

19

Hartershausen, den 10. Mai 1979

Lieber Michael,

ich freue mich, daß Du, wie Du schreibst, aus meinen Erfahrungen gelernt hast.
Du hast nun »daraufhin die Weichen etwas anders gestellt« und willst erst einmal fertig studieren, um später nebenbei in Deinem Beruf arbeiten und ihn in den Dienst einer alternativen Lebensweise stellen zu können. Du betonst aber, daß Du damit keinesfalls Dein Vorhaben, aufs Land zu gehen, aufgegeben hast. Deine weiteren Semesterferien und nach Möglichkeit noch eine Zeit im Anschluß an das Studium möchtest Du dazu benutzen, gründliche praktische Erfahrungen in Gartenbau und Landwirtschaft zu sammeln. Du hast nun vor, die landwirtschaftliche Arbeit – sei es auf eigenem, sei es auf gepachteten Grundstück, sei es allein oder im Rahmen einer Landkommune – mit Deinem Beruf zu kombinieren.

Es scheint mir, Du hast damit einen recht vernünftigen Entschluß gefaßt, der den Gegebenheiten der Realität eher entspricht und – nebenbei – vermutlich auch die Befürchtungen Deiner Eltern etwas dämpfen wird. Vor allem freue ich mich darüber, daß Du Deinem ursprünglichen Ziel, eine Alternative zum gegenwärtigen konsumbestimmten und übertechnisierten Wohlstandsleben zu finden, treu bleiben willst. Übrigens gibt es meines Erachtens noch unzählige andere Möglichkeiten eines solchen Alternativlebens. Du wirst dieses Ziel erreicht haben, wenn Deine künftige Lebensweise so sein wird, daß sie andere veranlaßt, ihr eigenes Leben zu überdenken und ihm daraufhin eine neue Form und Richtung zu geben.
Nimm unsere guten Wünsche mit auf den Weg!

Deine Tante Elfriede

PS: Vor kurzem besuchte einer unserer Feldnachbarn Wichstadtl. Er schickte mir nach seiner Rückkehr das beiliegende Foto. So schön sieht heute – nach 50 Jahren – die Rosinkawiese aus. . .

Gudrun Pausewang im dtv

Foto: Kaufmann + Scheerer

Kinderbesuch
Roman
dtv 10676

Ein deutsches Ehepaar besucht seine in Südamerika lebende Tochter. Verständnislos sehen sie sich größtem Reichtum und bitterster Armut gegenüber.

Aufstieg und Untergang der Insel Delfina
Roman
dtv 11218

Eine einsame, bildschöne Insel – ein Paradies auf Erden?

Rosinkawiese
Alternatives Leben in den zwanziger Jahren
dtv 11489

Fern von der Rosinkawiese
Die Geschichte einer Flucht
dtv 11636

Plaza Fortuna
Roman
dtv 11690

Menschen am Rande der Gesellschaft in einer südamerikanischen Großstadt.

Geliebte Rosinkawiese
Die Geschichte einer Freundschaft über die Grenzen
dtv 11718

Fast zwanzig Jahre nach der Flucht sieht Gudrun Pausewang den Ort ihrer Kindheit in Ostböhmen wieder.

Bolivianische Hochzeit
Roman
dtv 11798

Guadalupe
Roman
dtv 11879

Überleben im südamerikanischen Urwald. Ein Plädoyer gegen den Krieg.

Rotwengel-Saga
dtv 12140

Eine Familiengeschichte in Ostböhmen.

Marlen Haushofer im dtv

Begegnung mit dem Fremden
Erzählungen
dtv 11205

Die Frau mit den interessanten Träumen
Erzählungen
dtv 11206

Bartls Abenteuer
Kater Bartl, Held der Katzenwelt und unumstrittener Liebling von Eltern und Kindern.
dtv 11235

Wir töten Stella und andere Erzählungen
»Marlen Haushofer schreibt über die abgeschatteten Seiten unseres Ichs, aber sie tut es ohne Anklage, Schadenfreude und Moralisierung.« (Hessische Allgemeine)
dtv 11293

Schreckliche Treue
Erzählungen
»... Sie beschreibt nicht nur Frauenschicksale im Sinne des heutigen Feminismus, sie nimmt sich auch der oft übersehenen Emanzipation der Männer an...« (Geno Hartlaub)
dtv 11294

Die Tapetentür
Eine berufstätige junge Frau lebt allein in der Großstadt. Die Distanz zur Umwelt wächst, begleitet von einem Gefühl der Leere und Verlorenheit. Als sie sich verliebt, scheint die Flucht in ein »normales« Leben gelungen...
dtv 11361

Foto: Peter J. Kahrl Etscheid

Die Wand
Eines Morgens wacht eine Frau in einer Hütte in den Bergen auf und findet sich, allein mit ein paar Tieren, in einem Stück Natur eingeschlossen von einer unüberwindlichen gläsernen Wand, hinter der offenbar kein Leben mehr existiert.
dtv 11403

Eine Handvoll Leben
Eine Frau stellt sich ihrer Vergangenheit.
dtv 11474

Müssen Tiere draußen bleiben?
Wie es vier Jungen gelingt, einen Bernhardiner zum Internatshund und eine strenge Heimleiterin zur Tierfreundin zu machen und trotzdem das Klassenziel zu erreichen.
dtv großdruck 25082

Isabella Nadolny im dtv

Ein Baum wächst übers Dach
Roman
dtv 1531 / dtv großdruck 25058

Ein Sommerhaus an einem der oberbayrischen Seen zu besitzen – wer würde nicht davon träumen? Für die Familie der jungen Isabella wurde dieser Traum in den dreißiger Jahren wahr. Doch wer hätte zum Zeitpunkt der Planung und des Baus daran gedacht, daß dieses kleine Holzhäuschen eines Tages eine schicksalhafte Rolle im Leben seiner Besitzer spielen würde?

Seehamer Tagebuch
dtv 1665 / dtv großdruck 2580

Heiter-ironisch erzählt die Autorin in diesem unkonventionellen Tagebuch vom Einzug des ersten Fernsehers in die ländliche Idylle des Seehamer Holzhäuschens, von einer Mittelmeerkreuzfahrt, von Putzfrauen und Handwerkern. Erinnerungen an den Vater werden lebendig, an viele kleine Begebenheiten und Erlebnisse.

Vergangen wie ein Rauch
Geschichte einer Familie
dtv 10133

Als einfacher Handwerker aus dem Rheinland ist er einst zu Fuß nach Rußland gewandert und hat es dort zum Tuchfabrikanten gebracht, in dessen Haus Großfürsten und Handelsherren, der deutsche Kaiser und der russische Zar zu Gast waren: Napoleon Peltzer, der Urgroßvater des Kindes, das ahnungslos die Porträts und Fotografien betrachtet, die in der Wohnung in München hängen.

Foto: Klaus Bäulke

Providence und zurück
Roman
dtv 11392 / dtv großdruck 25074

»Zuhause ist kein Ort, zuhause ist ein Mensch, sagt der Spruch, und es ist wahr. Hier in diesem Sommerhaus war kein Zuhause mehr seit Michaels Tod …« In ihrer Verzweiflung über den plötzlichen Tod ihres Mannes folgt Isabella Nadolny einer Einladung in die Staaten. Von New York über Boston bis Florida führt sie diese Reise zurück zu sich selbst.

Christa Wolf im dtv

Foto: Isolde Ohlbaum

Der geteilte Himmel
Liebesgeschichte zur Zeit des Mauerbaus in Berlin
dtv 915

Nachdenken über Christa T.
Frauenleben im Osten Deutschlands
dtv 11834

Kassandra
Deutung der antiken mythologischen Frauengestalt in ihrer Suche nach den Ursachen von Gewalt und deren Überwindung
dtv 11870

Voraussetzungen einer Erzählung: Kassandra Frankfurter Poetik-Vorlesungen
Bericht über eine Griechenlandreise, Nachdenken über Kassandra, über weibliches Schreiben
dtv 11871

Kindheitsmuster
Auf den Spuren der Kindheit im Nationalsozialismus
dtv 11927

Kein Ort. Nirgends
Fiktive Begegnung zwischen Karoline von Günderrode und Heinrich von Kleist
dtv 11928

Was bleibt
Erzählung um die psychischen Folgen von Bespitzelung
dtv 11929

Störfall
Tschernobyl, April 1986. Eine Reaktion auf die unfaßbare Nachricht
dtv 11930

Till Eulenspiegel
»Eine Wut in sich, die er nicht los wird.« Till Eulenspiegel zur Zeit Luthers und Karls V.
dtv 11931

Im Dialog
Reden, offene Briefe, Aufsätze und Gespräche während der Wende
dtv 11932

Amei-Angelika Müller im dtv

Foto: Studio Kern

Pfarrers Kinder, Müllers Vieh
Memoiren einer unvollkommenen Pfarrfrau
dtv 1759 / dtv großdruck 25011

Sie ist ein Morgenmuffel, Kochen ist nicht ihre Stärke, und auch sonst entspricht sie nicht dem Ideal einer Pfarrfrau. Sie wollte auch alles andere werden, nur das nicht. Doch sie lernte einen Theologiestudenten kennen – und lieben.

In seinem Garten freudevoll ...
Durchs Gartenjahr mit Wilhelm Busch
dtv 10883

Jeder glaubt Wilhelm Busch zu kennen, doch eine Seite des berühmten Zeichners, Dichters und Philosophen ist weniger bekannt: Er war ein großer Naturfreund und Hobbygärtner. Amei-Angelika Müller hat diesen »anderen« Wilhelm Busch aufgespürt in seinen Briefen, Gedichten und Zeichnungen.

Ich und du, Müllers Kuh
Die unvollkommene Pfarrfrau in der Stadt
dtv 10968 / dtv großdruck 25083

Nach sieben Jahren in der ländlichen Pfarrei folgt Amei-Angelika Müller ihrem Mann auf eine Pfarrstelle in der Stadt. Neue Erlebnisse und Erfahrungen warten auf sie.

Sieben auf einen Streich
dtv 11204 / dtv großdruck 25072

Eine herzerfrischend fröhliche, witzige und humorvolle Familiengeschichte: Sieben Geschwister nebst Anhang treffen sich zu einem verlängerten Wochenende im Harz ...

Veilchen im Winter
Roman
dtv 11309

Was macht eine junge Frau, die sich von ihrem skibegeisterten Ehemann zum gemeinsamen Winterurlaub überreden läßt, obwohl sie selbst völlig unsportlich ist und den Winter zutiefst verabscheut?

Und nach der Andacht Mohrenküsse
dtv großdruck 25096

Eine Kindheit an der deutsch-polnischen Grenze.